70 leichte Tänze, Tanzspiele & Tanzideen für Kindergeburtstage, Sommerfeste & Kinderfastnacht

KINDER-PARTY · Kinderspaß

von Anneliese Gaß-Tutt

Fidula-Verlag
5407 Boppard / Rhein
& A-5033 Salzburg

VORWORT

Freude an Spiel und Spaß – wer kann dies besser verstehen als ein Kind!

Höhepunkt ist die Kinder-Party, sei es zum Geburtstag, zur Fastnachtszeit, im Sommer oder einfach, weil Beieinandersein Freude macht.

Man nehme Spiele, Tänze und Lieder, mische mit Essen und Trinken, richte alles mit Humor an und serviere das Ganze mit Ruhe und Geduld. Diese Zutaten im richtigen Verhältnis geben zusammen mit etwas Vorbereitung eine erlebnisreiche Kinder-Party, an die sich alle Beteiligten lebhaft erinnern. Je nach Veranlagung und Alter der Kinder wird mehr oder weniger Initiative zur Gestaltung von den Kindern selbst kommen. Je unauffälliger der verantwortliche Leiter die Einfälle der Kinder und eigene, vorbereitete Programmpunkte ordnet, umso erfolgreicher verläuft die Party.

Allgemeine Tips:
Nur gleichaltrige Kinder zusammen einladen (=Altersunterschied 1 Jahr).
Die Zahl der Gäste nach der Zahl der Jahre des gastgebenden Kindes wählen.
Nicht zu lange feiern! Mit Kindern unter 9 Jahren höchstens 3 Stunden.
Beginn und Ende genau festlegen und auch einhalten!
Bei größerer Gästezahl Helfer dazubitten.

Besondere Aufmerksamkeit gilt der Auswahl und Art der Spiel-Aktionen. Häufig werden bei Kinder-Parties Leistungsvergleiche als Wettspiele hineingetragen. Das bedeutet: in den Freiraum, der eigentlich freien Zeit zur Erholung und Entspannung, sehen sich die weicheren, stilleren oder schwächeren Kinder wiederum in fordernde und belastende Situationen gestellt. Dies wird vom Erwachsenen im Trubel häufig nicht bemerkt oder verdrängt, denn die Kinder drücken dies nicht in Worten aus. Doch die gezielte Beobachtung zeigt: die Mehrzahl der Kinder möchte nicht die – oberflächlich gesehen „gleichen" – Spielchancen wie im Wettspiel, weil in Wirklichkeit die individuellen körperlichen und geistigen Fähigkeiten der Kinder noch sehr unterschiedlich sind. Die meisten Kinder fühlen sich wohler beim zweckfreien, nicht wettbewerbsorientierten Ausspielen ihrer persönlichen Veranlagungen.

Dafür Anregung zu finden, ist schwer. Das vorliegende Buch versucht, diese Lücke zu schließen. Es möchte mit seinen Tanz-, Sing- und Spielvorschlägen den Erwachsenen helfen, zweckfreie und fröhliche Kinder-Parties mit Kindern zu veranstalten. Die ausführlichen Texte mit Hinweisen, die verschiedenen Zusammenstellungen ("Kurz und aufschlußreich") und die informativen Illustrationen wollen in diesem Sinne verstanden und angewendet sein.

Mai 1980 Anneliese Gaß-Tutt

INHALT

TANZSCHLÜSSEL

Im folgenden werden Abkürzungen, Zeichen, Fassungen und Schritte knapp und einfach beschrieben.

Zeichen für JUNGEN: ∧ MÄDCHEN: ∩	Blickrichtung:
In Tanzrichtung: (Abk. = in TR)	Die Kinder tanzen gegen den Uhrzeiger.
Gegen Tanzrichtung: (Abk. = gegen TR)	Die Kinder tanzen mit dem Uhrzeiger.
Linksdrehung:	Die linke Schulter wird beim Drehen rückwärts geführt.
Rechtsdrehung:	Die rechte Schulter wird beim Drehen rückwärts geführt.

FASSUNGEN nach dem Alphabet geordnet

Durchfassen: (Im Kreis, Halbkreis, in der Reihe, Gasse)
Alle fassen sich an den Händen.

Einhandfassung: (Zu zweien) Zwei zueinandergewandte Kinder geben sich ihre rechte oder linke Hand.

Hüftfassung: (Zu zweien, in der Linie) Die beiden Hände werden auf die Hüfte des vorderen gelegt.

Kreuzfassung: Zu zweien: Die Partner stehen nebeneinander und fassen ihre linken Hände, die rechten darüber.
Im Kreis, Halbkreis: Jeder gibt dem linken Nachbarn die rechte Hand, dieser faßt sie mit der linken (= rechte Hand oben).

Offene Fassung: (Zu zweien) Die Partner stehen nebeneinander mit Blick in die gleiche Richtung, die inneren Hände sind gefaßt.

Promenadenfassung: (Zu zweien) Die Partner stehen nebeneinander mit Blick in die gleiche Richtung, die inneren Arme sind eingehakt.

Paarkreis: (Zu zweien) Zwei zueinandergewandte Kinder geben sich beide Hände und bilden mit den Armen einen Kreis.

Propellerfassung: (Zu zweien) Die Partner stehen sich gegenüber, geben einander die linke Hand und legen die rechte auf den rechten Oberarm des Partners (rechten Arm über linken gekreuzt).

Achtung: Das Gewicht der Partner wird durch die linken Arme gehalten; die Partner sind einander zugewandt.

Rückenkreuzfassung: (Zu zweien, im Kreis, Halbkreis in der Reihe)
Zu zweien: Alle stehen nebeneinander und fassen ihren Partner hinter dem Rücken bei der rechten und linken Hand; dabei kreuzt der rechte Arm über dem linken des Partners.
Im Kreis, Halbkreis, in der Reihe: Alle geben sich hinter dem Rücken die rechte Hand in die linke des übernächsten Partners in TR (= über den linken Arm des rechtsstehenden Nachbarn).

Schulterfassung: (Zu zweien, in der Linie) Die beiden Hände werden auf die Schultern des vorderen gelegt.

Swingfassung: siehe Propellerfassung.

Zweihandfassung: Zwei zueinandergewandte Kinder geben sich beide Hände.

SCHRITTARTEN nach dem Alphabet

Gehschritt: Leichtes, normales Gehen.

Hacke-Spitze: Das Spielbein wird zuerst mit der Ferse, dann mit der Fußspitze vor- bzw. rückwärts, oder seitlich bzw. neben das Standbein auf den Boden gesetzt (immer ohne Gewicht).

Kinderhüpfschritt: Flacher, sich kaum vom Boden abhebender Hüpfschritt, dabei zweimal auf jedem Fuß aufhüpfen (Rhythmus: ♪♩.).

Kreuzschritt: Ein Schritt, der vor oder hinter dem Standbein mit Gewicht aufgesetzt wird.

Laufschritt: Mit leichten Schritten vorwärts laufen.

Schluß-Sprung: Sprung, nach dem beide Beine nebeneinander stehen.

Seit-Galoppschritt: Ein Schritt seitwärts, dann Sprung auf den anderen, nachzustellenden Fuß.

Seit-Nachstellschritt: Ein Schritt seitwärts und Beistellen des anderen Fußes mit Gewichtsübertragung.

Spreizsprung: Sprung mit einem Bein vor-, dem anderen rückwärts. Oder: Sprung, beide Beine auseinander.

Stampfschritt: Wie Gehschritt, jedoch betont und kräftig aufgesetzter Schritt.

Swing: Zu zweien voreinander: Beide setzen – während sie die Fassung einnehmen – ihren rechten Fuß nach vorn (außenseitlich aneinander) und belasten ihn. Das Hauptgewicht bleibt immer auf den rechten Füßen, die linken entlasten sie durch federndes Abstoßen. Mit kurzem Nachstellschritt dreht sich das Paar rechtsherum. Rhythmus: ♩. ♪ usw.
re. F./ li. F.

Tupfschritt (-Tritt): Das Spielbein ohne Gewicht, jedoch mit Bodenberührung vorwärts, seitlich, überkreuzend oder rückwärts führen („tippen").

Illustration: Helga Hebert
Aufstellungszeichnungen: Marianne Schuster
Layout: Grawelipa

PARTY – BUMMEL 1

Kinder - Polonaise

(6)8-12 **Nach deutscher Überlieferung**

Musik:	**FF 3060 oder FF 1215 „Party-Bummel"**
Aufstellung:	**Alle in einer langen Reihe durchgefaßt, Blick zur Raum-Mitte.**
Schrittarten:	**Gehschritt, evtl. Seitgaloppschritt, evtl. Kinderhüpfschritt.**

TANZFORM:

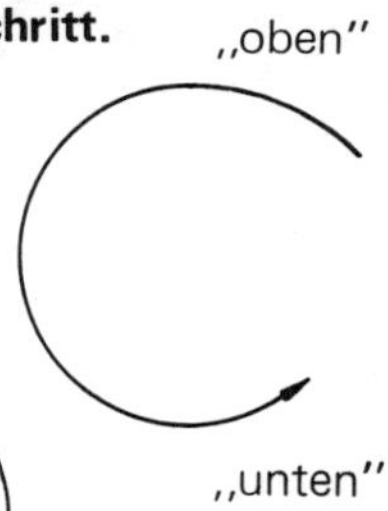

Figur 1 LANGE KETTE
Alle gehen im großen Bogen um den Tanzraum.

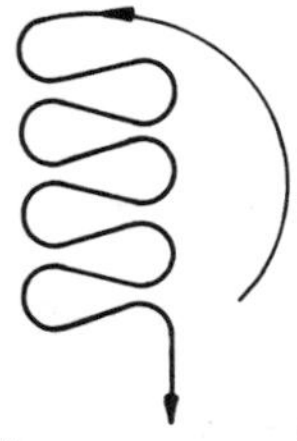

Figur 2 SCHLÄNGELN
Ohne Fassungsänderung in Schlangenlinien durch den Raum.

Figur 3 KLEINER UMGANG
Zu zweien auf der großen Kreisbahn in TR ,
offene Fassung.

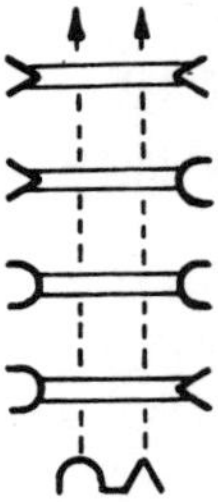

Figur 4 TUNNEL
Zu zweien mitten durch den Raum; „unten" wendet Paar 1 zueinander, gibt sich die freien Hände und geht – ein Tor bildend – in die entgegengesetzte Richtung. Alle Paare machen dies „unten" nach. „Oben" angekommen für alle nacheinander wieder Hand- und Richtungswechsel, diesmal Durchgehen unter den Hand-Toren der Entgegenkommenden.

Der TUNNEL kann wiederholt werden. Anschließend biegt Paar 1 „unten" in TR ab. Alle folgen.

Figur 5 GASSE

Vorschläge zum Tanzen durch die GASSE:

Spaziergang: alle gehen in offener Fassung durch die GASSE.

Schiffchen: voreinanderstehend paarweise seitlich in Schulterhöhe die Hände geben, mit Seitgaloppschritten durch die GASSE.

Propeller: in Kreuzhandfassung und im Kinderhüpfschritt kreisend durch die GASSE.

GASSE dazu mehrmals aufbauen.

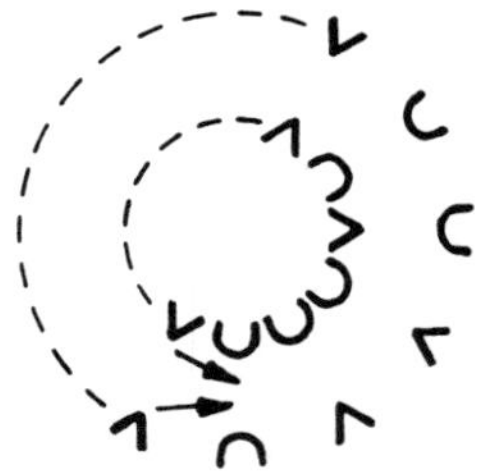

Figur 6 EINFÄDELN zur LANGEN KETTE

Weg: in TR, siehe auch Figur 1

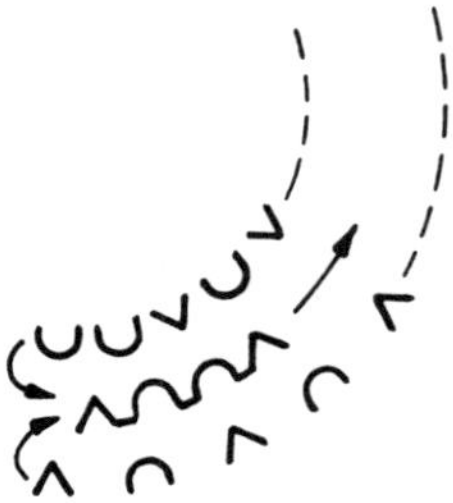

Figur 7 SCHNECKE

(nach Schleife)

hinein: gegen TR; hinaus in TR,

zügig hinein–, langsamer hinausführen.

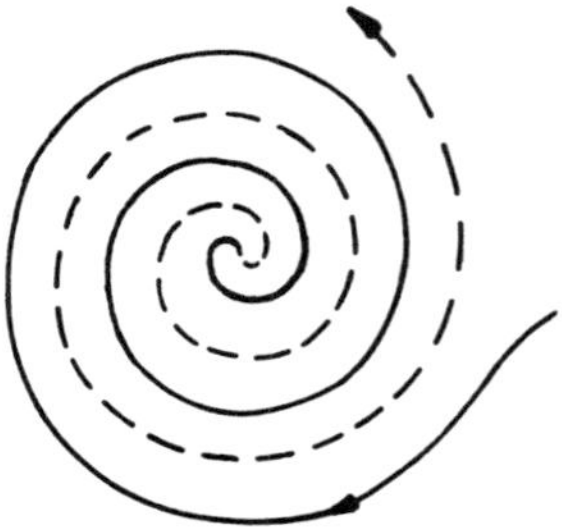

Figur 8 SCHLANGENNEST

eng ein- und aufrollen. Auf Zuruf „Alles Halt" bleiben alle stehen und der Kopf der Schlange sucht unter den erhobenen Händen der anderen den Weg nach draußen; alle folgen, sobald sie mitgenommen werden.

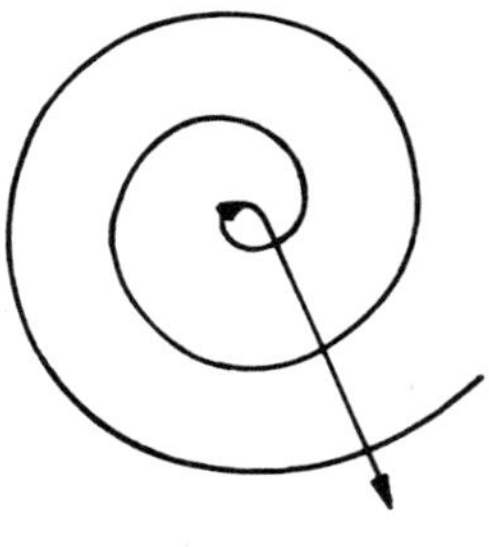

Figur 9 SCHLUSSFIGUR

Zur Auswahl: Kreis (siehe Figur 1)

Kreis zu zweien (siehe Figur 3)

Freie Aufstellung, Abbruch der KETTE durch kreuz- und quer gehen. (s.Zeichnung).

Hinweise: Normalerweise wird eine solche Polonaise von einem Erwachsenen angeführt. Trotz wohlvorbereitetem Ablauf kann sich beim Tanzen Wesentliches verändern, so daß man vielleicht kurzfristig umstellen muß. Dies überfordert die Kinder und stellt manchmal das Gelingen der Polonaise in Frage.

Für kleinere Kinder werden die Figuren 1, 2, 3, 7 und 8 vorgeschlagen.

Der aufgezeichnete Ablauf ist jederzeit zu verändern, dann die Übergänge vor-überlegen. Weitere Vorschläge für Kinder-Polonaisen siehe TANZKARUSSELL 1, Nr. 75 und TANZKARUSSELL 2, Nr. 99 und Nr. 100.

Die Auswahl der Schlußfigur wird durch den nächstfolgenden Tanz bestimmt.

KLAPPER – KLATSCH 2

6 - 12 **Tanzform: Anneliese Gaß-Tutt**

Musik: **FF 1196 „Klapper-Klatsch"**
(17mal 8 Takte = 6mal ganzer Tanz)

Aufstellung: **Reihen von 5 - 8 Kindern, in Hüft- oder Schulterfassung, frei im Raum verteilt.**

Schrittart: **Gehschritt**

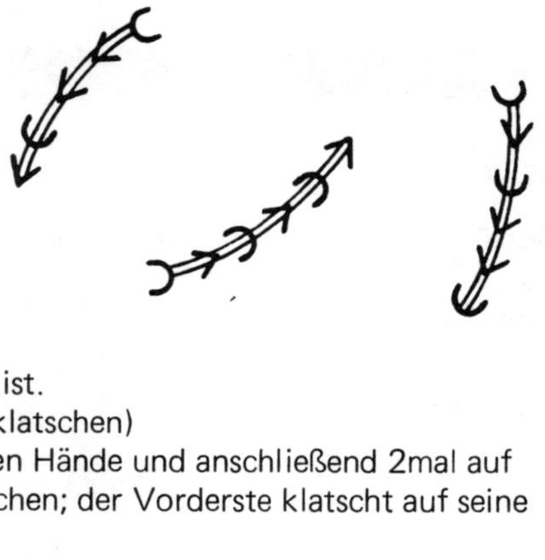

TANZFORM:

Vorspiel

Teil A — Gehen
- Takt 1 - 8 — Vorwärtsgehen, dahin wo Platz ist.

Teil B — Klapper-Klatsch (je Takt 2mal klatschen)
- Takt 9-15 — Abwechselnd 2mal in die eigenen Hände und anschließend 2mal auf den Rücken des Vorderen klatschen; der Vorderste klatscht auf seine Oberschenkel.
- Takt 16 — Als Abschluß 1mal auf den Rücken des Vorderen klatschen.

Der Tanz beginnt von vorne.

VARIATIONEN für fixe Kinder (auf Zuruf):

Variation 1: Zuruf „Alle kehrt!"
Mit 1/2 Drehung rechts oder links herum schauen alle in die entgegengesetzte Richtung = neue Tanzrichtung.

Variation 2: Zuruf „Tschüss!"
Teil A: Alle trennen sich, jeder geht allein kreuz und quer.
Teil B: Jeder klatscht 2mal in die eigenen Hände, 2mal auf die eigenen Oberschenkel.

Variation 3: Zuruf „Zu zweien!"
Teil A: In frei gewählter Fassung zu zweien spazierengehen, am Ende zum Partner wenden.
Teil B: 2mal in die eigenen Hände klatschen, 2mal in die des gegenüberstehenden Partners.

Variation 4: Zuruf „Reihen!"
Teil A: Wieder zur Grundaufstellung (s.o.) kommen.
Teil B: s.o. in der Grundform

Variation 5: Zuruf „Großer Kreis!"
Teil A: Gemeinsam in die gleiche Kreisrichtung gehen, Hände fassen, zum Schluß schauen alle zur Mitte, nun Fassung lösen.
Teil B: 2mal in die eigenen Hände klatschen, 2mal nach schräg oben in die Nachbar-Hände der Partner nebenan.

Hinweise: Je nach Vermögen der Kinder keine, nur eine oder mehrere Variationen tanzen lassen.
Alle Zurufe müssen am Ende von Teil B angesagt sein.

3 DREHSCHEIBE

(8) 10-12 **Nach deutscher Überlieferung**

Musik: **Jede 8-taktige Universalmusik im geraden Takt, Vorschlag: FF 1178 „Mixbecher".**

Aufstellung: **Zu zweien im Kreis: wer innen steht schaut in TR, wer außen steht schaut gegen TR, ohne Fassung.**

Schrittarten: **Gehschritt, evtl. Stampfschritt, evtl. Swing.**

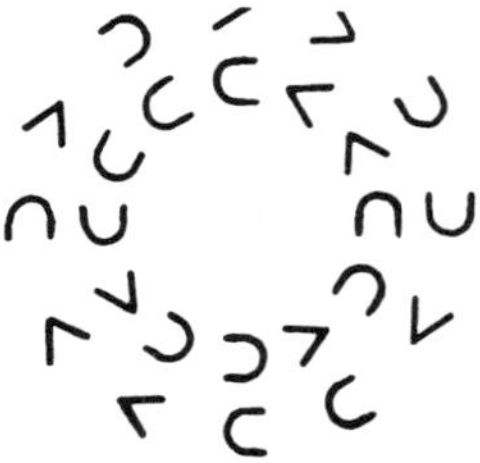

TANZFORM:

Teil A — Drehscheibe

Takt 1 - 8 — Mit 16 Schritten geht der Innenkreis in TR, gleichzeitig geht der Außenkreis mit 16 Schritten gegen TR. Zum Schluß drehen sich alle mit einer halben Wendung in die Gegenrichtung (dabei kann man stampfen!),

Takt 9 - 16 — alle mit 16 Gehschritten zum Partner zurück.

Teil B — Rundherum

Takt 17-24 — In Propellerfassung auf der Stelle mit dem Partner herumgehen oder Swing tanzen; zum Schluß Kreuzhandfassung einnehmen, Blick in TR.

Teil C — Spaziergang

Takt 25-32 — Mit 16 Gehschritten auf der Kreisbahn in TR. Zum Schluß dreht sich der äußere Partner um und schaut in seine Anfangs-Tanzrichtung ( ).
Der Tanz beginnt von vorne.

Partnerwechsel geschieht in Takt 15 - 16:
n e u e r Partner für den „Propeller" wird das Kind v o r dem vorhergegangenen Partner.

TRIMM–DICH–MIXER 4

(8)9-12 und älter — **Tanzform: Anneliese Gaß-Tutt**

Musik: **FF 1197 „Shuffle Mixer"**
Aufstellung: **Zu zweien, Partner voreinander (die Inneren schauen nach außen, die Äußeren nach innen), ohne Fassung.**
Schrittart: **Gehschritt**

TANZFORM

Vorspiel

Takt 1 - 4 — Trimm-dich

(Takt 1) ♩ ♩ — 2mal rechter Arm seitlich und durchgestreckt nach rechts oben,
♩ ♩ — 2mal linker Arm seitlich und durchgestreckt nach links oben,

(Takt 2) 𝅗𝅥 — rechte Hand auf linken Ellbogen legen,
𝅗𝅥 — linke Hand auf rechten Ellbogen legen (= Arme verschränkt in Augenhöhe):

(Takt 3) o in die Hocke gehen,
(Takt 4) o aufstehen, zum Schluß Armhaltung lösen.

Takt 5 - 8 Neuer Partner
(Takt 5 - 6) Mit 4 Gehschritten zum nächsten, neuen Partner: Innenkreis gegen TR ↶, Außenkreis in TR ↷.
(Takt 7 - 8) 4 mal dem neuen Partner zuklatschen.

Der Tanz beginnt von vorne.

Variation 1: Nach gemeinsamer Absprache die „Turn"-Figur in Takt 3 - 4 verändern, z.B. aus dem Stand mit den Fingerspitzen auf den Boden tippen; in Grätschstellung gehen und mit den Handflächen den Boden berühren; auch Sprünge oder Sprungschritte am Platz einbauen.

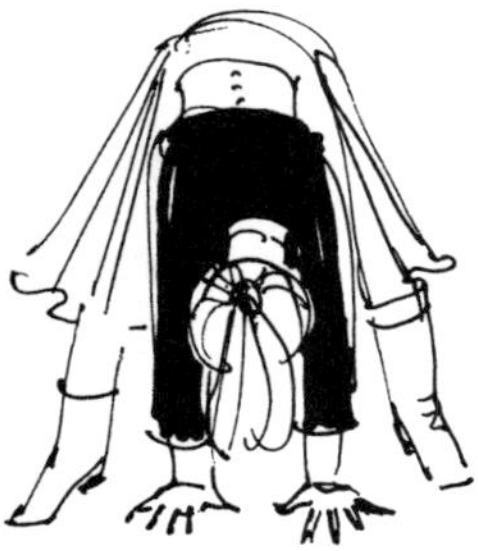

Variation 2: Jeder turnt in Takt 3 - 4 was er mag. (bei älteren Kindern)

Hinweis: Die Kinder sollen diese Bewegungen in Takt 1 - 4 ganz natürlich machen können, Dann werden sie in den verschiedenen Altersstufen auch alterstypisch getanzt.

SIEBENSPRUNG 5

6-12
und älter

Nach deutscher Überlieferung

Musik: **FF 3060 oder FF 1215 „Sieben Stampfer"**
Aufstellung: **Alle im großen Kreis, Blick zur Mitte.**
Schrittart: **Kinderhüpfschritt oder auch Gehschritt.**

TANZFORM

Vorspiel

Teil A — Auf der Kreisbahn mit oder ohne Fassung
Takt 1 - 8 — 8 Schritte in TR ↺, wenden und 8 Schritte gegen TR ↻; zum Schluß zur Kreismitte wenden.

Teil B — „Die 7 Sprünge"
Takt 9 - 10 — Einschaukeln:
je 1 Nachstellschritt in TR ↺ und gegen TR ↻. Vor- und sofortiges Mitmachen der Sprünge; in jeder Strophe kommt ein neuer Sprung hinzu.

	Jungen-Sprünge	**Mädchen-Sprünge**
Strophe 1	rechten Fuß mit der Ferse nach vorne aufsetzen; 	rechten Fuß mit der Ferse nach vorne aufsetzen; 
Strophe 2	linken Fuß mit der Ferse nach vorne aufsetzen; 	linken Fuß mit der Ferse nach vorne aufsetzen; 
Strophe 3	rechtes Knie auf den Boden; 	rechtes Knie auf den Boden; 
Strophe 4	rechte Seite (Hüfte) gegen den Boden; 	linkes Knie auf den Boden; 

Strophe 5 — (im Liegestütz) Bauch gegen den Boden; rechten Ellbogen auf den Boden;

Strophe 6 — (im Liegestütz) Stirn auf den Boden; linken Ellbogen auf den Boden;

Strophe 7 — Po auf den Boden; Stirn auf den Boden.

Teil C — Schluß: Klatschen
(je nach vorhergehender Tanzbewegung zuvor aufstehen).

Hinweise: Der Tanzleiter muß führen und die Bewegungen ausspielen.
Sind Jungen und Mädchen beieinander, nach Sportlichkeit der Kinder nur eine der beiden beschriebenen Formen tanzen.

6 KLEINE FLIEGE (Shoo fly)

10 - 12
und älter

Nach nordamerikanischer Überlieferung/USA

Musik: **FF 1178 „Quirl"**
Aufstellung: **Zu zweien im Kreis, Blick zur Mitte, durchgefaßt**
Schrittart: **Gehschritt (evtl. auch Swing)**

TANZFORM

Vorspiel

Teil A — Zur Mitte und zurück

Takt 1 - 2	Mit 4 Gehschritten zur Mitte, dabei Arme leicht heben;
Takt 3 - 4	mit 4 Gehschritten zurück, dabei Arme senken;
Takt 5 - 8	wie Takt 1 - 4, zum Schluß Fassung lösen und zum Partner wenden.

Teil B — Rundherum

Takt 9-16 — In Propeller-Fassung auf der Stelle mit dem Partner herumgehen ↻ (oder Swing tanzen). Zum Schluß zum Kreis fassen. Zuvor haben die Partner die Plätze getauscht.

Der Tanz beginnt von vorne.
Durch den regelmäßigen Platztausch der Partner bekommt jeder beim nächsten Mal immer einen neuen Partner.

BINGO — 7

ab 7 — **Nach nordamerikanischer Überlieferung/USA**

Musik: **FF 1306 „Bingo"**
Aufstellung: **Zu zweien auf der Kreisbahn, Blick in TR ↺ Innenhände gefaßt.**
Schrittart: **Gehschritt**

TANZFORM 1 „KINDER – BINGO"

Vorspiel

Teil A — Paarweise in TR ↺

Takt 1 - 8 — Mit 16 Gehschritten in TR ↺

Teil B — Kreis in TR ↺

Takt 9-16 — Zum Kreis durchfassen und mit 16 Gehschritten in TR ↺, zum Schluß Fassung lösen und dem eigenen Partner zuwenden.

Teil C — „B–I–N–G–O! "

Takt 17 — „B" rufen, dabei zum eigenen Partner wenden und in die eigenen Hände klatschen.

Takt 18 — „I" rufen, dabei sich gegenseitig mit dem eigenen Partner in die Hände klatschen.

Takt 19 — „N" rufen, dabei mit 1/2 Drehung (= über die Kreismitte) vom Partner weg zum Nachbarn drehen und gleichzeitig in die eigenen Hände klatschen.

Takt 20 — „G" rufen, dabei dem Nachbarn – gegenseitig – in die Hände klatschen.

Takt 21 — „O!" rufen und den Nachbarn mehr oder minder herzlich in den Arm nehmen.

Der Tanz beginnt mit dem ehemaligen Nachbarn als neuem Partner von vorne.

Hinweis: Achtung! Jeder muß zu Beginn wissen, ob er „innen" (= links) oder „außen" (= rechts) im Paar tanzt, denn die jeweilige Rolle wird während des ganzen Tanzes beibehalten.

Die TANZFORM 2 (Originalform für Ältere) finden Sie auf der Schallplattenhülle FF 1306.

8 TEPPICHKNÜPFEN (Lou pripet)

8-10 **Nach französischer Überlieferung**

Musik: **FF 3060 oder FF 1260 „Teppichknüpfen "**
Aufstellung: **Beliebig viele Kinder im großen Kreis, Blick zur Mitte durchgefaßt.**
Schrittarten: **Gehschritt, Spreizsprung, siehe auch VARIATIONEN.**

TANZFORM: **Grundform**

Vorspiel

Teil A — In TR ⤴

Takt 1 - 8 — Mit 16 Gehschritten in TR ⤴ (=linker Fuß beginnt überkreuzend nach rechts); dabei werden die Arme nach vorne und zurück geschwungen (Hände bis in Schulterhöhe).

Teil B — Spreizsprünge am Platz

Takt 9 - 16 — Mit leichter Körperrücklage abwechselnd die Beine nach vorne spreizen (linker Fuß beginnt), Rhythmus ♫ ♩ je Takt.

Der Tanz beginnt von vorne.

Dies ist die überlieferte Form. In Teil B sind VARIATIONEN möglich (Rhythmus jeweils ♫ ♩):

Klatschen, Patschen auf die Oberschenkel, Stampfen am Platz, Fersenheben und-senken (dabei sind die Fußspitzen „angewachsen") usw.

Hinweis: Die Tanzform ist auf der Schallplatte 4mal durchgespielt. Reizvoll ist, 4 Kinder zu benennen, die nacheinander ihre eigene rhythmische Form vormachen — alle anderen machen nach.

9 KU — TSCHI — TSCHI

6-12 und älter **Nach mündlicher Überlieferung**

Musik: **FF 3060 oder FF 1196 „Ku-Tschi-Tschi"**
Aufstellung: **Einzeln, frei im Raum verteilt.**
Schrittarten: **Sprungschritte nach freier Wahl, Gehschritt**

TANZFORM

Vorspiel	
Teil A	Springen
Takt 1 - 8	Springen auf einem Bein, dabei wird das andere vor- oder rück- oder seitwärts bewegt.
Takt 9 - 16	Wie Takt 1 - 8, jedoch auf dem anderen Bein.
Teil B	Vorwärtsgehen
Takt 17-20	Mit 4 (langsamen) von der Ferse zum Ballen abrollenden Schritten auf irgend ein anderes Kind zugehen, die Arme großzügig mitnehmen.

Teil C	Zeigen
Takt 21-24	Abwechselnd mit den beiden Zeigefingern auf dieses Kind zeigen, dabei ,,Ku-Ku-Ku-Tschi-Tschi'' rufen. Das andere Kind macht das Gleiche.
Takt 25-28	Abwechselnd mit beiden Zeigefingern nach oben an die Decke zeigen, dabei wieder ,,Ku-Ku-Ku-Tschi-Tschi'' rufen.
	Der Tanz beginnt von vorne.
Variationen für die Jüngeren:	In jedem Teil B zu (neuen) Gruppen von 2 - 5 Kindern zusammenkommen.
Variationen für die Älteren:	Zu zweien voreinander beginnen; in Teil B jedesmal trennen und einen neuen Partner suchen.
Hinweise:	Bei der Musik ist gut zu erkennen, wann das ,,Ku-Ku-Ku-Tschi-Tschi'' gerufen werden soll. Ebenso ist herauszuhören, wann die Gehschritte vorwärts gemacht werden.

4PS UND MEHR **10**

8-12 **Nach deutscher Überlieferung**

Musik:	**FF 1210 ,,Wechselspiel''**
Aufstellung:	**Je 4 Kinder in einer Gruppe auf einer gedachten großen Kreisbahn, Hände rundum gefaßt zur ,,Kutsche'' (alle schauen in Tanzrichtung).**
Schrittarten:	**Gehschritt, Laufschritt**

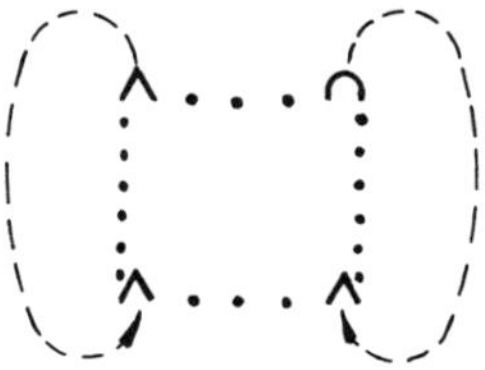

TANZFORM

Vorspiel

Teil A — Vierspänner ("4 P S")

Takt 1 - 4 — Mit 8 Gehschritten in der Kutsche auf der großen Kreisbahn, in TR ↺.

Takt 5 - 8 — Während weiterer 8 Gehschritte lösen die Vorderen die Innenhandfassung und wenden auf die Plätze der Hinteren aus, die nun nach vorne tanzen (siehe Zeichnung).

Takt 9-16 — Wie Takt 1-8, zum Schluß ist die Kutsche wieder in der Anfangsaufstellung.

Teil B — Traktor

Wie Takt 1-16, nur als „Traktor" im Laufschritt.

Der Tanz beginnt von vorne.

Hinweis: — Die Musik erfordert kurze Schritte.

11 LA RASPA MEXICANA

6-12 — **Nach mexikanischer Überlieferung**

Musik: **FF 3060 oder FF 1195 „La Raspa Mexicana" (= sehr gut zum Mitsingen geeignet) oder jede andere 8-taktige „Raspa"-Musik.**

TANZFORM 1: **(für die Jüngeren, ca. 6-9 Jahre)**

Aufstellung: **Alle frei im Raum (=gerade Zahl), ohne Fassung.**

Schrittarten: **Sprünge, Kinderhüpfschritt**

Vorspiel

Teil A — Am Platz, Sprünge nach freier Wahl

Takt 1-16 — Alle tanzen am Platz, wie es ihnen Spaß macht, mit frei zu wählenden Sprungschritten.

Teil B — Rundherum

Takt 17-24 — Jeder sucht sich einen Partner, hakt mit dem rechten Arm ein und tanzt paarweise herum ↻, die freien Arme werden hochgehoben (siehe Illustration); zum Schluß Armwechsel: die Partner haken sich mit dem linken Arm ein.

Takt 25-32 — Paarweise linksherum ↺, links eingehakt. Am Schluß Fassung lösen und sich vom Partner trennen.

Der Tanz beginnt von vorne; beim nächsten Teil B kann ein anderes Kind der Partner sein.

Text, Melodie und Satz: Hans-Günter Lenders

2. Wer fragt: „Was ist denn das da?" Der kennt noch nicht „La Raspa"!
Probier's mal, und damit basta! Es ist ja auch gar nicht so schwer.
. . . . . Es geht immer hin und mal her.

TANZFORM 2: **(für die Älteren, ab ca. 9 Jahren)**
(=Originalform)

Aufstellung: **Zu zweien in Zweihandfassung, frei im Raum verteilt.**

Schrittarten: **Raspaschritt, Kinderhüpfschritt**

Raspaschritt: 3mal am Platz von einem Bein auf das andere springen, dabei immer das unbelastete Bein gestreckt nach vorne führen (Beginn: Sprung auf links, rechts nach vorne). Schrittrhythmus ♩♩𝅗𝅥 = schnell-schnell — lang;

Arme parallel mit dem jeweils unbelasteten Fuß nach vorn nehmen.
Der nächste Schritt wird gegengleich getanzt.

Vorspiel

Teil A — Raspaschritte voreinander

Takt 1-16 — 8 Raspaschritte (s.o.) voreinander (Arme mitbewegen). Zum Schluß Fassung lösen und mit dem rechten Arm beim Partner einhängen.

Teil B — Rundherum

Takt 17-24 — Im Kinderhüpfschritt rechts eingehakt paarweise rundherum, dabei können die freien Arme nach oben gehalten werden; zum Schluß Fassung lösen.

Takt 25-32 — Links einhaken und rundherum tanzen; Arme wie oben.

Der Tanz beginnt von vorne.

Hinweis: Es muß soviel Platz sein, daß jeder frei tanzen kann und niemand behindert wird.

12 LA BAMBA

6-12 und älter — **Modetanz um 1962**

Musik: **FF 3060 oder FF 1305 ..La Bamba" oder jede andere „La Bamba"-Musik.**

Aufstellung: **Beliebig viele im Kreis ohne Fassung, Blick zur Mitte, in der Mitte des Kreises 1 Tänzer oder 1 Tänzerin.**

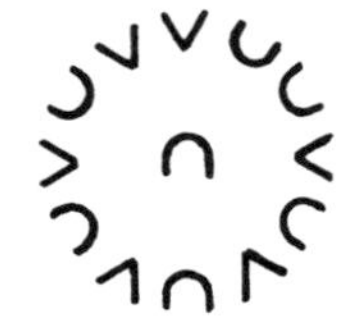

Schrittarten: **Hüpf- und Sprungschritte nach eigenen Einfällen und freier Wahl.**

TANZFORM:

Der einzelne in der Kreismitte tanzt einen von ihm erdachten oder ausgewählten, jedoch leicht für die anderen abschaubaren Hüpf- oder Sprungschritt. Die Außenstehenden im Kreis machen das Schrittbeispiel nach. Evtl. auf Zuruf — der Solist sollte nicht länger als 16 Takte anführen — tanzt der einzelne hinaus, stellt sich hinter jemand, gibt ihm einen leichten Klaps auf den Rücken, schickt ihn in die Mitte und nimmt seinen Platz ein. (Die anderen tanzen während des Vortänzerwechsels den zuvor gezeigten Schritt weiter). Der neue Solist läßt sich für die nächsten 8-16 Takte etwas Neues einfallen.

Anregungen: Gehschritt, auf der Stelle (leicht, trampelnd, schwer; vor- und rückwärts);
Laufschritt auf der Stelle (vor- und rückwärts, seitwärts mit Kreuzen);
Hüpfschritt auf der Stelle in allen erfindbaren Variationen;
Springen auf der Stelle (Schlußsprung, Spreizsprung vor- und rückwärts, seitlich, Hocksprungvariationen).
Außerdem lassen sich alle Beispiele durch Klatschen oder verschiedensten anderen Arm- und Körperbewegungen erweitern.

Hinweise: Dieser Tanz war ursprünglich ein Männertanz der Farbigen aus Puerto Rico.
Alle Schritte und Bewegungen sollten sofort mitzumachen sein.
Die Auswahl der Motive muß sich nach den tänzerischen Möglichkeiten des Teilnehmerkreises richten.
Sind es über 16 Kinder im Kreis und ist die Tanzform eingeführt, können mehrere kleine Kreise (ab 8 Teilnehmern) mit je 1 Solisten gebildet werden. Dann tanzt jeder Kreis nach dem Einfall seines Vortänzers.
Musikvorschlag für 6–8-jährige Kinder: FF 1196 „Hüpferling".

LETKA JENKA (Letkis) 13

(6)8-12 **Nach finnischer Überlieferung**

Musik: **FF 1176 „Letkis" oder jede andere, 8-taktige „Letkis"-Musik**
Aufstellung: **Reihen von 5-8 Kindern in Hüft- oder Schulterfassung, frei im Raum verteilt.**
Schrittarten: **„Hacke-Spitze" und Schlußsprung vor- und rückwärts**

Schritt-Rhythmus:

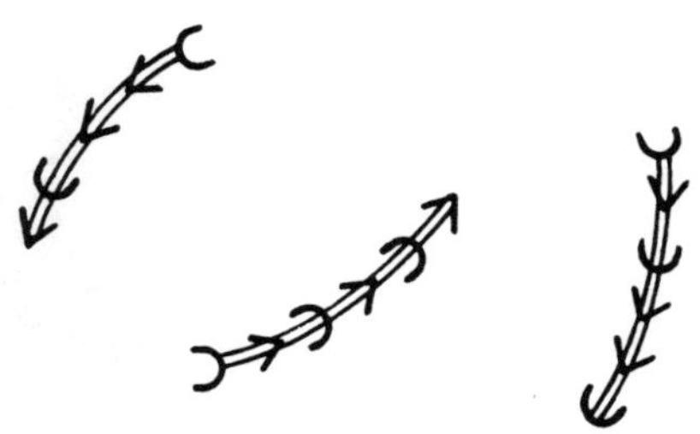

TANZFORM

Vorspiel

Takt 1 2mal „Hacke-Spitze" mit dem linken Fuß links seitwärts;
Takt 2 2mal „Hacke-Spitze" mit dem rechten Fuß rechts seitwärts;
Takt 3 1 Schlußsprung vorwärts, 1 Schlußsprung rückwärts;
Takt 4 3 Schlußsprünge vorwärts,
usw. frei durch den Raum.

Variationen für die Jüngeren: Einzeln, frei im Raum verteilt; zu zweien nebeneinander in Promenadenfassung oder Kreuzfassung; Zu zweien hintereinander

Variationen für die Älteren: Paarweise voreinander in den verschiedensten Fassungen – selbst ausprobieren lassen!

Hinweis: Der Tanz braucht viel Kraft. Da die angegebene Musik etwas lang ist, sie evtl., bevor der Spaß am Tanzen vergeht, „ab"-drehen.

GUMMIBAND

10-12 und älter

Nach mündlicher Überlieferung

Musik: **FF 3060 oder FF 1280 „Comics", auch mittelschnelle 8-taktige Beatmusik.**

Aufstellung: **Einzeln, frei im Block, alle gleiche Blickrichtung**

Schrittarten: **Tupfschritt (= Tip), (Gehschritt)**

TANZFORM

Vorspiel

Teil A — „Gummiband"

Takt 1 - 4	Seit ran
(Takt 1)	Mit rechter Fußspitze und gestrecktem Bein Tip rechts zur Seite, rechtes Bein Tip zurück an linkes Bein (= ohne Gewicht anstellen);
(Takt 2)	wie Takt 1, jedoch rechtes Bein zum Schluß mit Gewicht anstellen.
(Takt 3-4)	wie Takt 1 - 2, jedoch gegengleich (= mit linkem Bein).
Takt 5-8	Rück ran. Entsprechend Takt 1-4, nur schräg rückwärts. Bei jedem Seit- oder Rückstellen der Füße wird mit beiden Armen eine Parallel—Bewegung gemacht (= als ob man ein Gummiband auseinanderzieht).

Teil B

Takt 9-10	Den linken Ellbogen 2mal zum rechten Knie führen, dabei jedesmal rechtes Knie anheben (= bis Oberschenkel waagerecht)und zuerst ohne, dann mit Gewicht neben den linken Fuß setzen,
Takt 11-12	wie in Takt 9-10, jedoch Ellbogen und Knie gegengleich.
Takt 13	1mal linken Ellbogen zum rechten Knie führen, Knie kommt wieder entgegen;
Takt 14	wie Takt 13, jedoch Ellbogen und Knie gegengleich.
Takt 15	Schlußsprung am Platz mit gleichzeitiger 1/4-Rechtsdrehung ↻, so daß alle im Block nun in eine neue, aber gleiche Richtung schauen;
Takt 16	alle klatschen 1mal in die eigenen Hände. Der Tanz beginnt in der neuen Richtung von vorne.
Variation:	Alle stehen zu Beginn frei im Raum und tanzen wie in Takt 1-14 beschrieben. In Takt 15-16 gehen alle mit 4 Gehschritten frei durch den Raum zum Finden eines neuen „Sicht"-Partners.

FLOHMARKT 15

6-12 **Nach schwedischer Überlieferung**

Musik: **FF 3060 oder FF 1210 „Spring-ins-Feld"**
Aufstellung: **Paarweise hintereinander im großen Kreis, alle Blick zur Mitte, ein einzelnes Kind.**
Schrittart: **Laufschritt**

TANZFORM:

Grundform: Das einzelne Kind läuft quer durch den Kreis, holt für sich einen Partner, der im Paar ,,innen'' steht, und tanzt mit ihm in Einhandfassung auf seinen Ausgangsplatz zurück. Der nun einzelne sucht sich ebenso einen neuen Partner von einem anderen Paar usw. So entsteht ein ständiger Wechsel: wer ,,innen'' steht,wird mitgenommen, wer ,,außen'' ist,darf einen neuen Partner wählen.

Variation: Sind viele Kinder im Kreis (= über 18 Teilnehmer) dürfen 2 oder mehrere einen neuen Partner holen. Dies ist der eigentliche ,,Flohmarkt''.

Hinweis: Wer sich im Paar nach vorne oder hinten stellt, ist nicht wichtig, da beide Kinder aktiv werden.

VIERER – TEST 16

6-9(10) **Nach deutscher Überlieferung**

Musik: **Jede flotte, 8-taktige Universalmusik im geraden Takt; Vorschlag: FF 1194 „Happy Hopp"**
Aufstellung: **Je nach Platzverhältnissen: Paarweise in einer langen Gasse oder paarweise im Kreis; auch die Gasse im Kreis muß mindestens 3 Schritte breit sein.**
Schrittart: **Seitgaloppschritt**

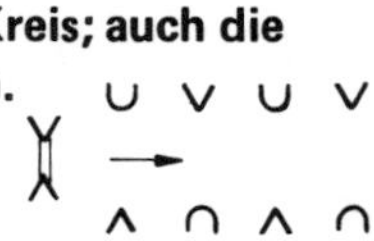

TANZFORM:

(nach Trommel-Vorspiel): Paar 1 gibt sich die Hände, hüpft durch die Gasse (den Kreis) und stellt sich am Ende wieder an. Paar 2 beginnt beim Start von Paar 1 laut zu zählen:

„Eins–zwei–drei–vier!“, gibt sich danach beide Hände und folgt Paar 1.
Beim Start des 2. Paares zählt Paar 3 und folgt usw.
So tanzt nach dem lauten Zählen jedes Paar nach dem vorhergegangenen. – Solange es Spaß macht! –

Hinweis: Die Platzverhältnisse sind unbedingt zu beachten. Gewandte Kinder rücken bei der Aufstellung in der Gasse jedesmal einen Schritt zum Startplatz auf, wenn ein neues Paar hindurchtanzt.

17 IRRGARTEN

6-12 und älter — **Nach deutscher Überlieferung**

Musik: **Jede 8-taktige Universalmusik im geraden Takt, Vorschlag: FF 1251 „Angus Reel“**

Aufstellung: **Alle in einer langen, durchgefaßten Reihe; Blick in dieselbe Richtung; vorne ist der Anführer.**

Schrittarten: **Gehschritt: normal in der Hocke, gebückt usw. je nach Aufgabenstellung.**

Außerdem: Evtl. einige Helfer, je nach Aufbau der Hindernisse.

Vorbereitung: Es werden auf dem Platz (im Raum) wohlüberlegt die verschiedensten Hindernisse aufgebaut. Im Freien kann man natürliche Hindernisse (Bäume, Büsche, Pfosten usw.) miteinbeziehen.

TANZFORM:

Der Anführer zieht mit allen um oder durch die Hindernisse. Diese müssen möglichst abwechslungsreich und gefahrlos aneinandergereiht sein.

Vorschläge: Um die Stühle einer Stuhlreihe schlängeln; durch eine Flaschengasse ziehen; über einen Schellengummi (= auf Hosengummi einige Schellen aufnähen) steigen; unter einigen Stöcken durchhocken; über eine Backsteinbrücke gehen (= 5-8 Backsteine hintereinander in Schrittabstand legen); mit Kreidestrichen oder Sägespänen „Balken“ aufmalen bzw. streuen, die nicht betreten werden dürfen.

Hinweise: Eine solche „Sport-Polonaise" ist aufwendig in der Vorbereitung. Sie macht jedoch Spaß und wird vor allem dann getanzt, wenn es viele Kinder sind, die sich außerdem nicht kennen. Sie ist vor allem im Freien ideal.

Erfahrungen: Beim Hindernisaufbau muß das Alter der Kinder berücksichtigt werden. Der Anführer muß gewandt sein. Er muß den Weg kennen. Er darf nicht zu schnell oder zu langsam anführen und muß das Tempo der ganzen Gruppe im Auge behalten.

Keinen Ablauf zu langdauernd anlegen, also nicht zu lange schlängeln, nicht zu lange steigen, nicht zu lange bücken, nicht zu lange in der Hocke gehen lassen usw.

Hindernisse zum Übersteigen (= über 30 cm hoch) sind Grund für große Unruhe.

MOGELKETTE 18

10-12 und älter — **Nach deutscher Überlieferung**

Musik: **FF 3060 oder FF 1304 „Mogelkette"**

Aufstellung: **3 Tänzer oder Tänzerinnen stehen hintereinander. Vor ihnen liegen je knapp 1 m auseinander 3 standfeste Gegenstände (z.B. Mützen, Tennisringe, Schulmappen, Taschen o.ä.).**

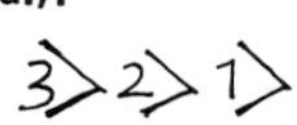

Schrittarten: **Laufschritt, je nach Tempo der Musik auch Gehschritt oder Kinderhüpfschritt.**

TANZFORM: Alle tanzen um die Gegenstände, ohne diese zu berühren. Dabei mogelt immer der letzte in der Reihe und wird so erster.

Wechsel 1 Alle umrunden die Gegenstände (siehe Zeichnung), dabei setzt sich der dritte an die Spitze:

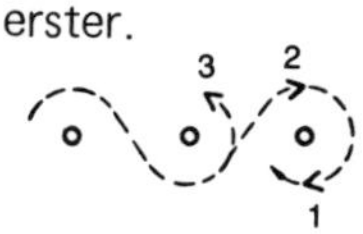

Wechsel 2 Dann führt der zweite an:

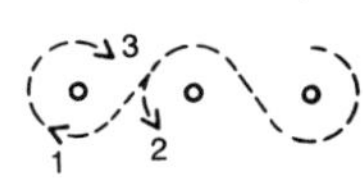

Wechsel 3 Der erste kommt wieder nach vorne.

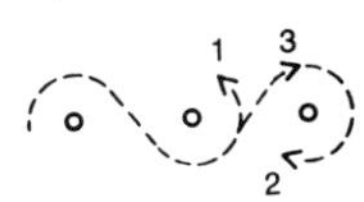

Der Tanz beginnt sehr langsam und steigert sich zu sehr schnellem Tempo. Dies wird 2 mal wiederholt.

Hinweis: Eine langsame Tanzmusik im 4-er Takt (ohne Temposteigerung) kann bei der Einführung die angegebene Musik ersetzen. Auch ein Tamburin kann die Stelle der vorgeschlagenen Musik einnehmen.

19 SCHELLEN – KÖNIG / KÖNIGIN

6-8 **Nach deutscher Überlieferung**

Musik: **Jede 8-taktige Universalmusik im geraden Takt:**
Vorschlag: FF 1306 „Tip-Top-Mixer"

Aufstellung: **Kreis, Blick zur Mitte, ohne Fassung, etwas weiterer Abstand voneinander, fast die Hälfte der Kinder sind im Kreis.**

Schrittart: **Kinderhüpfschritt**
Hilfsmittel: **Für jedes Kind in der Kreismitte einen klingenden oder klappernden Gegenstand zum Lärmen.**

TANZFORM: Die „Schellenkönige" und „-Königinnen" hüpfen wie sie wollen im Kreis; sie können auch zum Kreis hinausschlüpfen und außen herum tanzen. Auf das Zeichen des Spielleiters geben sie dem nächststehenden Kind ihr Lärminstrument und stellen sich auf den freiwerdenden Platz.

Hinweise: Das Stop-Zeichen des Spielleiters muß am lautesten sein und über den sonst veranstalteten Lärm hörbar sein (Hauptprobe machen!)
Vorschläge: 2 große Kochtopf-Deckel 5 mal anschlagen;
5 mal mit einer Faschingströte, so laut es geht, blasen;
mit dem Plattenspieler ganz laut aufdrehen.

Die Lärmphasen für die einzelnen Kinder dürfen nicht zu lang sein, ganz kurze Phasen nicht zu häufig einbauen.

Die „Schellenkönige" und „-Königinnen" sollten sich bewegen und sich nicht schon vornehmen, welchem Kind sie ihr Lärminstrument weitergeben.

KARNEVAL – SPASS FASTNACHT 20

(7)8-10 **Nach deutscher Überlieferung**

Musik: **FF 3060 oder 1215 „Fastnachts-Musik".**
Aufstellung: **Kreis, Blick zur Mitte; je nach Teilnehmerzahl 1 und mehr Kind(er) in der Kreismitte, sie schauen nach außen. Alle ohne Fassung.**
Schrittarten: **Gehschritt und außerdem Laufschritt und Kinderhüpfschritt zur freien Wahl.**

TANZFORM

Vorspiel

Teil A — Begrüßung und Aufforderung

Takt 1 - 4 — Die Kinder in der Kreismitte gehen mit 4 Schritten auf jemanden im Kreis zu, begrüßen ihn und gehen wieder mit 4 Schritten zurück; dabei versuchen sie sich so zu benehmen und bewegen, wie es zu ihrem Kostüm paßt.

Takt 5 - 8 — Wie Takt 1 - 4, beim Zurückgehen nehmen sie jedoch (mit Zweihandfassung) das ausgewählte Kind mit hinein zur Kreismitte.

Teil B — Rundtanz der Verkleideten

Takt 9-16 — Paarkreis: alle — im Kreis und die Kinder vom großen Kreis — tanzen zu zweien rundherum, je nach Kostüm, Spaß oder Lust und Laune.

Zum Schluß Wechsel der Plätze, d.h. die ausgewählten Kinder bleiben in der Kreismitte, alle anderen stellen sich zum großen Kreis zurück.

Der Tanz beginnt von vorne.

Hinweis: In den närrischen Tagen sollte man nicht so sehr auf die Taktzahl als auf die Spaß- und Ausspielmöglichkeiten achten und den Kindern Zeit lassen. Tip: Teil A und B je nach Bedarf ansagen.

Ein Impuls für kreative Kinder:
alle tanzen und bewegen sich, wie es zur Verkleidung paßt.

21 SCHLÄNGEL – TANZ

6-10 **Nach österreichischer Überlieferung**

Musik: **Jede 8-taktige Universalmusik im geraden Takt;
Vorschlag: FF 1210 „Joker".**

Aufstellung: **2 gleichgroße Reihen von 5 und mehr Kindern stehen sich gegenüber, seitlicher Abstand voneinander ungefähr 60 cm. Die eine Reihe hat die Hände hinter dem Rücken verschränkt, die andere faßt durch. Zu dieser „Schlängel-Reihe" gesellt sich ein einzelnes Kind als Anführer.**

Schrittart: **Gehschritt**

TANZFORM: Das einzelne Kind führt die nachfolgenden Kinder in weiten Schlangenlinien um die Kinder der stehenden Reihe. Wird die Musik abgebrochen, versucht jeder der „Schlängel-Reihe" einen Partner aus der noch immer stehenden Reihe zu erhaschen, gibt ihm beide Hände und setzt sich mit ihm in die Hocke. Wer übrigbleibt, wird Anführer beim neuen Durchspiel.

Der Tanz beginnt von vorne, die Reihen wechseln jedoch ihre Rollen. Wer übriggeblieben ist, führt nun die neue „Schlängel-Reihe" an.

Hinweise: Oft ist kein Platz für eine solch großräumige Tanzform. Dann stellt man die Kinder nicht in Reihen, sondern im doppelten, halben oder ganzen Kreis auf.
Wichtig: Wer übrigbleibt, wird nicht wie meist ausgelacht, sondern bekommt – im Gegenteil – eine aktive Rolle zur Weiterführung des Tanzspieles.

22 FRÄULEIN VON STOCK

**6-12
und älter** **Bearbeitet nach deutscher Überlieferung**

Aufstellung: **Zu zweien, frei im Raum verteilt, Fassung frei nach Wahl, ein Kind als Solist.**

Schrittarten: **Frei nach Wahl und Alter der Kinder (z.B. Kinderhüpfschritt für die 6–9-jährigen, Swingschritt für 10 und älter, Beatschritte ab ungefähr 12 Jahren).**

Begleitmusik: **Flotte Universalmusik im geraden Takt (für Ältere evtl. Pop-Musik) aus der eigenen Plattenkiste oder FF 1194 „Happy Hopp" für die Jüngeren und FF 1280 „Comics" für die Älteren.**

Außerdem: Aufgesteckt auf den Besenstiel ein herausgeputzter Perückenkopf.

TANZFORM Alle tanzen zu zweien, am Platz oder kreuz und quer durch den Raum.
Das einzelne Kind tanzt mit „Fräulein von Stock". Innerhalb von 16-24 Takten gibt das Solistenkind die „Dame" an jemand anderes weiter und nimmt sich dessen Partner zum Tanzen. Bald bekommt die Besenfrau einen neuen Partner usw.

Solang es Spaß macht.

23 RAUMSTATION

(7)8-12 **Tanzidee: Anneliese Gaß-Tutt**

Musik: **8-taktige Universalmusik im geraden Takt:**
Vorschlag: FF 1192 „Princess Margaret's Fancy"

Aufstellung: **Einzeln, frei im Raum verteilt.**

Schrittarten: **Frei zur Wahl nach Lust, Laune und Platz**

TANZIDEE: Im Weltraum fliegen Raumkapseln auf ihren Bahnen. Manchmal koppeln sich zwei Raumkapseln aneinander und kreisen zusammen, bis sie wieder allein weiterfliegen.
Der Tanzleiter erklärt die Aufgabe:

Ankoppeln: Jeder macht bei einer Raumkapsel Besuch, d.h. jeder sucht sich für kurze Zeit einen Partner und tanzt mit ihm am Platz.

Abkoppeln: Allein wieder durch den Weltraum „fliegen", schwirren, sausen. Danach Treff mit dem nächsten Himmelskörper usw.

Hinweise: Die Verständigung kann durch die Musik geschehen: laute Musik bedeutet Solotour, leise Musik Besuchszeit.

Bei einer ungeraden Zahl von Kindern koppeln drei Raumkörper aneinander.

24 BRUMMI UND BRUMMEL

6-9 **Tanzidee: Anneliese Gaß-Tutt**

Musik: **FF 1210 „Laufvergnügen" (= Langsames Tempo)**
FF 1194 „Querfeldein" (= schnelles Tempo)

Aufstellung: **Zu zweien, frei im Raum verteilt; ein Kind steht vor dem anderen in derselben Blickrichtung, das zweite Kind hat die Hände auf die Schulter des vorderen gelegt.**

Schrittarten: **Gehschritt, Laufschritt – zur freien Wahl.**

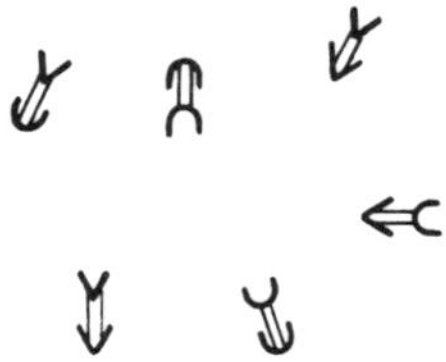

TANZIDEE: „Brummi" und „Brummel" – der Lastwagen und sein Anhänger – fahren im möglichen Tempo auf der Landstraße, der Bundesstraße oder gar der Autobahn. Der eine führt, der andere folgt. Brummi muß für Brummel mitdenken, er hat die Verantwortung für ihn, d.h. er muß so fahren, daß:
der Anhänger mit um die Kurven kommt,
er rechtzeitig bremst,
er richtig rückwärts fährt,
die Blinkanlage rechts und links funktioniert, usw.

Das Thema motiviert die Kinder, sich zu zweien zu bewegen. Nach kurzer Besprechung (Charakteristisches zum Thema, Schrittmöglichkeiten u.ä.) versuchen die Kinder, in der Bewegung mit dem Partner ihre augenblickliche Vorstellung sichtbar zu machen.
Anschließend: Rollen tauschen.

Variationen: Thema: „Motorradfahrer mit Beifahrer":
Ausführung ähnlich wie oben, aber in der Aufstellung nebeneinander. (Kreuzhandfassung).

KUNTERBUNT 25

6-12 und älter **Bearbeitet nach deutscher Überlieferung**

Musik: **Universalmusik passend zum Stil der Kinder-Party aus der eigenen Plattenkiste.**

Aufstellung: **Die Hälfte der Kinder (= Gruppe A) frei im Raum verteilt; die andere Hälfte (= Gruppe B) sitzt auf Stühlen am Rand der Tanzfläche.**

Schrittarten: **Frei nach Wahl.**

Außerdem: Alle Kinder der Gruppe A haben ein farbenfrohes Tuch in der Hand.

TANZIDEE:

Die Kinder der Gruppe A tanzen wie und was sie wollen, auch mit einem anderen Kind, zu zweien, dreien. Wenn die Musik unterbrochen wird findet durch die Tücherübergabe an die Kinder der Gruppe B der Tänzertausch statt – nun hat Gruppe A Pause. Dieser Wechsel wird mehrmals wiederholt.

Hinweise:

Oft ist zu beobachten, daß Kinder gerne tanzen wollen, was ihnen gefällt. Nach einiger Zeit werden die meisten jedoch müde und es wird „langweilig". Kurz zuvor muß darum der Tänzerwechsel angesagt werden. Dann ist die Pause willkommene Schnaufpause, um wieder neu zu tanzen.
Die Tanzmusik sollte je nach Alter gewählt werden. Ältere Kinder tanzen gerne „Disco" . . .

26 TANZMASCHINE

11-12
und älter

Tanzidee: Anneliese Gaß-Tutt

Musik: **Jede 8-taktige Schlagermusik, flott und sehr rhythmisch.**
Aufstellung: **Im großen Kreis, Blick zur Mitte, ohne Fassung.**
Schrittarten: **Gehschritt, „Kick" und nach freier Wahl.**

TANZIDEE: Grundform
Takt 1 — 3 Gehschritte vorwärts (= rechter Fuß beginnt), 1 „Kick" vorwärts;
Takt 2 — 3 Gehschritte rückwärts (= linker Fuß beginnt, 1 „Kick" am Platz.
Takt 3 - 4 — wie Takt 1 - 2,
Takt 5 - 8 — Der Tanzleiter tanzt eine einfache Bewegung, o h n e Drehung am Platz vor — alle machen sofort mit.
Das Ganze von vorne (in Takt 5 - 8 jedes Mal eine andere Bewegung vormachen).

Variationen: Variation 1
Takt 1 - 4 — Wie Grundform (s.o.)
Takt 5 - 8 — Der Reihe nach oder mit Namenaufrufen (während Takt 1 - 4) macht ein anderer Mittänzer eine Bewegung vor (= o h n e Drehung), alle machen am Platz nach.

Variation 2
Takt 1 - 4 — Wie Grundform (s.o.)
Takt 5 - 8 — Jeder tanzt am Platz wie und was er mag, teilt es aber so ein, daß er beim neuen Takt 1 wieder mit allen anderen zur Mitte tanzen kann.

Hinweis: Für ungewandtere Kinder nur die Grundform tanzen und durch besondere Bewegungskontraste abwechslungsreich erhalten.

27 KLEINER ROBOTER

8-12

Tanzidee: Anneliese Gaß-Tutt

Musik: **FF 3060 oder FF 1304 „Mogelkette"**
Aufstellung: **Alle mit genügend Bewegungsfreiheit einzeln und frei im Raum verteilt**
Schrittarten: **Frei nach Wahl**

Vorbemerkung: Die Musik hat 3 kürzere, einprägsame Phasen, jede beginnt langsam und steigert sich zu schnellem Tempo und fällt zum langsamen Anfang zurück.

TANZIDEE: Jedes Kind ist ein Roboter, der erst im Entstehen ist und seine jeweiligen Fähigkeiten zeigt.

Entwicklungsstufe 1: (= ein Durchspiel der Musik)
Der Roboter kann sich stumm am Platz bewegen.

Entwicklungsstufe 2: (= ein Durchspiel der Musik)
Der Roboter lernt gehen und laufen.

Entwicklungsstufe 3: (= ein Durchspiel der Musik)
Der Roboter kann gehen, laufen, hüpfen, springen, hinsitzen, aufstehen u n d sprechen, singen, schreien.

Grundregel in allen Entwicklungsstufen:
Der Roboter bekommt durch Stöße schweren Maschinenschaden, d.h. Rempeln verboten!

SIEBEN STAMPFER **28**

8-12
und älter

Tanzidee: Anneliese Gaß-Tutt

Musik: **FF 3060 oder FF 1215 „Sieben Stampfer".**
Aufstellung: **Im großen Kreis, Blick zur Mitte, durchgefaßt.**
Schrittarten: **Seitnachstellschritt, Stampfschritt.**

TANZIDEE: **Vorspiel**

Teil A: Auf der Kreisbahn. Mit 8 Seitnachstellschritten in TR ↻, der rechte Fuß beginnt mit einem festen Stampfschritt.

Teil B: Die 7 Strophen (am Platz): Bei Durchspiel 1 wird hier die selbstgewählte Bewegung vom Tanzleiter oder einem Kind vor- und von allen sofort nachgemacht (auf die Wiederholung der kurzen Melodie).
Bei jedem weiteren Durchspiel kommt eine neue Bewegung dazu. Anschließend werden die bereits bekannten Bewegungen in der rückwärtigen Reihenfolge der Einführung wiederholt.

Teil C: Schluß. Alle klatschen in die (eigenen) Hände.

Variation: Sitzweise:
Alle mit genügend Bewegungsfreiheit im Kreis auf Stühlen, Blick zur Mitte, ohne Fassung.

Bewegungsform: Vorspiel

Teil A: Schritte im Sitzen. Abwechselnd mit dem rechten und linken Bein im Sitzen auf den Boden stampfen (insgesamt 16 mal, der rechte Fuß beginnt mit einem Stampfer).

Teil B + Teil C: wie oben.

Hinweise: Machen verschiedene Kinder die einzelnen Bewegungen vor, muß die Reihenfolge zuvor genau festgelegt sein.

Durch die kreative Phase in Teil B ist der Tanz nichts für müde Kinder; sie müssen frisch und konzentrationsfähig sein.

29 UNGEHEUER TANZEN

6-12
und älter

Tanzidee: Anneliese Gaß-Tutt

Musik: **Vorschlag: FF 1280 „Beat-Ballade" oder jede andere passende temperamentvolle Tanzmusik.**

Aufstellung: **1 Kind nach dem andern ist jeweils das „Ungeheuer", die anderen setzen sich auf Stühle oder einfach auf den Boden.**

Schrittarten: **Nach freier Wahl**

Außerdem: 1 Lampe, eine Dia-Leinwand oder ein an der Wand befestigtes, weißes Leintuch, auch eine passende (= helle) Schrankwand.

TANZIDEE: Das „Ungeheuer" bewegt sich am Platz zwischen Lampe und Leinwand frei nach der Musik, die andern schauen zu. Durch die Möglichkeit, sich beim Tanzen selbst beobachten zu können entsteht ein hin und her von augenblicklicher Bewegung und neuen Einfällen. Nach gewisser Zeit: Wechsel der „Ungeheuer";

Variationen:

Variation 1:
Freundinnen oder Freunde versuchen gerne zusammen zu tanzen.

Variation 2:
Die sitzenden Kinder sind Geräuschkulisse und begleiten den „Ungeheuer-Tanz" mit spontanen Geräuschen, Lauten, Schreien usw.

Variation 3:
Die sitzenden Kinder raten, wen der Solist gerade darstellen will.

Hinweise:

Die Musik sollte je nach dem Alter der Kinder ausgesucht werden (siehe Reihenfolge oben!).

Bei der Motivation sollte der Tanzleiter seine eigene Phantasie mitspielen lassen. Je nach Zusammensetzung der Gruppe können es auch „ Zappelphilipp", „Lausbub", „Boxer", „Hexe", „Puppenmama" oder einfach ein Kind sein.

Für manche Kinder ist es hilfreich, die aktive Tanz-Zeit zu begrenzen; andere brauchen eine Begrenzung, sonst wären sie für einige Zeit Alleinunterhalter . . . .

30 FINGERBALLETT

8-12
und älter

Tanzidee: Anneliese Gaß-Tutt

Musik: **FF 1262 „Pau-de-Fita"**

Sitzweise: **Im Kreis auf Stühlen (Stuhlkanten) mit viel Ellbogenfreiheit. Die Kinder haben die Arme angewinkelt und halten die Hände in Augenhöhe.**

TANZIDEE: Die Finger der rechten und linken Hand sind in der Vorstellung Tänzer und Tänzerinnen eines Balletts, die zusammen zur Musik tanzen. Das Kind ist der Interpret der im Augenblick aufgenommenen Musik. Die Finger sind Mittel zur Darstellung des gehörten Rhythmus, d.h. die Finger tanzen.

Hinweis: Diese Form ist nur für geübte Kinder interessant.

31 TANZMÄUSE

6-10

Tanzidee: Anneliese Gaß-Tutt

Musik: **FF 3060 oder FF 1210 „Spring-ins-Feld"**

Aufstellung: **Einzeln, frei im Raum verteilt.**

Schrittarten: **Frei nach Wahl der Kinder.**

TANZIDEE: „Tanzmäuse" sind muntere Tiere, die – ohne sich gegenseitig zu behindern – kreuz und quer und je nach Lust und Laune durch den zur Verfügung stehenden Raum gehen, laufen, springen, stoppen, huschen, sausen, sich bremsen usw.

Das ist der Impuls. Die Kinder machen es genauso.

Variationen: Der Raum wird etwas verkleinert, das bedeutet mehr Umsicht, Rücksicht, Vorsicht, Nachsicht.

Der Raum wird gegliedert: z.B. Stühle in eine durchlässige, diagonale Reihe stellen.

TANZ MIT DER MASKE

(Fastnachts-Tanz)

6-12
und älter

Tanzidee: Anneliese Gaß-Tutt

Musik:	**FF 1263 „Chula"**
Aufstellung:	**Einzeln, frei im Raum verteilt**
Schrittarten:	**Nach freier Wahl und Lust und Laune**
Außerdem:	**Jeder hat (s)eine Maske bereit.**

TANZIDEE: Je nach Thema und Ausdruck seiner Maske (und evtl. des Kostüms) bewegt sich jeder frei nach der Musik. Die Kinder können sich begrüßen, miteinander tanzen, sich verabschieden, spazierengehen, Schlangen bilden usw. Wenn möglich sollte die Rolle den ganzen Tanz über durchgespielt werden.

Hinweise: Die Masken kann man zuvor aus billigem Material (z.B. weiße Papiertüten, einfarbiger Karton, Wellpappe) selbst schneiden und bemalen oder sonst verzieren.

Achtung: Die Augenschlitze der Masken müssen so groß sein, daß die Kinder gut hindurchsehen können.

33 TIERZIRKUS

6-9 **Tanzvorschläge: Ingeborg Rathmann**
Lieselotte Holzmeister

Musik: **FF 1212 „Tierzirkus"**
Aufstellung: **Je Tierdarstellung zur freien Wahl.**

Schrittarten: Je Tierdarstellung zur freien Wahl, z.B. Stampfschritte (= Elefant), Hüpf- und Sprungschritte (= Affen), Lauf- oder Galoppschritte (= Pferde), Gehschritte / im 3/4 Takt (= Tanzbär) und Geh- und Sprungschritte (= Tiger)

TANZIDEE: Zirkustiere sind für Kinder durch ihre typische Bewegungsart reizvoll zur eigenen Nachahmung.

Musikalisch sind zum Tanzen ausgewählt: Elefant(en), Affe(n), Pferd(e), Tanzbär(en) und Tiger.

Tips für den Tanzleiter: Jede Tiergruppe raten lassen, darüber erzählen lassen, ausprobieren lassen dann tanzen lassen

Die Musik regt an, sie ist hilfreiche Rhythmus- und Klangunterstützung

Hinweise: Im angesprochenen Alter war noch nicht jedes Kind im Zirkus. Dies erfordert besondere Beachtung und klar definierte, gemeinsam gefundene Spielanregung.

Weitere Tanzmusik und -ideen sind auf den Schallplatten FF 1213 („Tiere des Waldes") und FF 1214 („Tiere im Zoo") zu finden.

34 TANZENDE PUPPEN

6-12 **Tanzidee: Ilse Tutt**

Musik: **FF 1262 „Guabina"**
Sitzweise: **Im Kreis auf Stühlen (Stuhlkanten) mit viel Ellbogenfreiheit.**
Außerdem: Für jedes Kind 2, wenn möglich gleichfarbige Chiffontücher und für jede Hand 1 Gummiring.

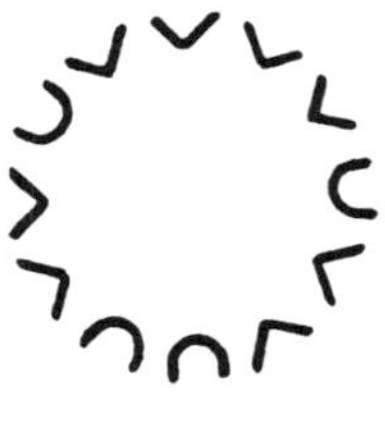

Vorbereitung: Jedem Kind legt man auf den ausgestreckten Zeigefinger jeder Hand ein Chiffontuch, das man mit je 1 Gummiring um den Finger befestigt, dies sind unsere Schleierpuppen (siehe Zeichng.)

TANZIDEE: Mit Beginn der Musik bewegen die Kinder ihre Hände und Arme und lassen die Puppen tanzen. Die verschiedenen Möglichkeiten werden ausprobiert. Das Kind – im Versuch mit sich selbst – tritt in ein Wechselspiel zwischen gehörtem Rhythmus und dessen Übertragung in Bewegung, die durch das Tuch vergrößert und sichtbarer wird. Das Kind entdeckt die Bewegungsvielfalt:

Kleine Bewegungen – zarte Linien,
große Bewegungen – dramatischer Effekt,
ruhige Bewegungen – elegante Harmonie, usw.

35 MI SE MAMO RADI

10-12
und älter

Lied: nach slowenischer Überlieferung
(Sitz-) Tanzform: Anneliese Gaß-Tutt

Zu deutsch: **„Wir haben uns so-o gern!"**

Sitzweise: Alle auf Stühlen (Stuhlkanten) im Kreis, Blick zur Mitte, nicht zu weit auseinander, alle sollten sich gut sehen können und geben sich die Hände.

Bewegungsform: Grundregel:
Bei keiner Strophe darf die Handhaltung gelöst werden!

Der Tanzleiter oder ein Kind (das die Grundregel kennen muß) macht die für die Strophe geltende Bewegung vor. Es dürfen nur einfachste Bewegungen ausgewählt werden, die sofort von allen aufgenommen werden können. (So oft singen, wie es Spaß macht.)

Beispiele: Hände hoch strecken und zurück in Ausgangshaltung. Wiederholen.

Hände weit nach vorne zur Kreismitte strecken und zurück in Ausgangsstellung. Wiederholen.

Alle legen beide Hände seitwärts nach rechts — zur Mitte führen — nach links seitwärts legen — zur Mitte zurück. Wiederholen.

Alle führen beide Hände zum Boden — zurück in Ausgangsstellung — beide Hände nach oben über den Kopf heben — zurück in Ausgangsstellung. Wiederholen.

Alle führen beide Hände kreisend nach vorne und zurück (= ,,Rollende Räder''). Wiederholen.

TOP – FIT 36

6-12 und älter

Nach neuerer Überlieferung

Musik: **FF 3060 oder FF 1154 „Boogie time" oder jeder andere Boogie.**

Sitzweise: **Mit genügend Ellbogenfreiheit im Kreis, auf Stühlen (Stuhlkanten), ohne Fassung: alle sollten sich gut sehen können.**

Bewegungsform: Vorspiel

Takt 1 - 8: Kehrreim
Mehr oder weniger laut im Takt trampeln, die Hände patschen dazu auf die Knie.

Takt 9 - 16: Einer im Kreis beginnt und macht e i n e einfache Bewegung im Sitzen vor; alle machen sie nach. Zum Schluß ruft der Vorspieler einen Namen oder deutet mit Blickkontakt auf jemanden im Kreis: dieser Mitspieler macht beim nächsten Teil B eine neue Bewegung vor. Beginn von vorne.

Variationen für die Jüngeren: Der Kehrreim (= Teil A) fällt weg. Der Spielleiter macht nacheinander die verschiedensten Bewegungen vor (= eine Bewegung mindestens 8 Takte lang); alle machen nach.

Einer nach dem anderen macht — der Sitzreihenfolge nach eine neue Bewegung vor; alle machen nach.

Variationen für die Älteren: Der Spielleiter geht während Teil A im Kreis herum und tippt dem neuen Akteur auf die Schulter.

Hinweise: Nur einfache Bewegungen dürfen vorgemacht werden. Lange oder komplizierte Abläufe kann niemand sofort nachmachen.

Bewegungsvorschläge: Klatschen, Kopfnicken im Takt, Trommeln auf die Brust, Spreizschritte im Sitzen, Radfahren mit den Beinen (oder den Armen), Recken und Strecken, lange Nasen machen in die verschiedensten Richtungen, Zunge herausstrecken usw. usw.

Wenn in einer Wohnung das Trampeln zu laut werden könnte, läßt man Teil A von Anfang an weg.

37 BOXER UNTER SICH

(6)8-12 **Bewegungsform: Anneliese Gaß-Tutt**

Musik:	**FF 3060 oder FF 1154 „Boogie time" oder jede andere 8-taktige Boogie- oder Rock'n-Roll-Musik.**
Sitzweise:	**Mit genügend Ellbogenfreiheit im Kreis auf Stühlen (Stuhlkanten), ohne Fassung, alle sollten sich gut sehen können.**

Bewegungsform:

Teil A	Sich-Mut-machen
Takt 1 - 4	Mit beiden Fäusten abwechselnd auf die Brust klopfen (Insgesamt 8 mal),
Takt 5	eine Schulter hochziehen,
Takt 6	andere Schulter hochziehen,
Takt 7 - 8	beide Hände hochreißen und im Gefühl der Kräfte „Haah!" rufen.
Teil B	Training
Takt 9-12	Mit beiden Fäusten abwechselnd nach vorn boxen (insgesamt 8 mal),

Takt 13-14	beide Fäuste vor der Brust 4mal zusammenstoßen,
Takt 15-16	beide Hände hochreißen und im Gefühl der Kräfte „Haah!" rufen.
Teil C	Übungs-Kampf
Takt 17-24	Freier Kampf des einzelnen; jeder darf boxen, wie er will. Grundregel der Fairness: Keine Behinderung der Nachbarn . . .
Teil D	Trainings-Pause
Takt 25-32	Sich entspannen: Kopf nach unten hängen lassen, Hände locker auf den Knien. (Dabei „auf Draht sein", wann das Boxen wieder beginnt.)
	Solange es Spaß macht.
Hinweis:	Es darf dabei laut zugehen! Je nach Situation kann auch ein Teil weggelassen werden.

RUCKI – ZUCKI 38

6-12
und älter

Bearbeitet nach neuerer Überlieferung

Musik: **FF 1154 „Cockey Cockey"**
Sitzweise: **Mit genügend Ellbogenfreiheit im Kreis auf Stühlen (Stuhlkanten), ohne Fassung; alle sollten sich gut sehen können.**

Bewegungsform:

Vorspiel
Teil A

Takt 1	Den rechten Arm in die Mitte führen,
Takt 2	zurücknehmen;
Takt 3	den linken Arm in die Mitte führen,
Takt 4	zurücknehmen.
Takt 5 - 8	Abwechselnd rechten und linken Arm schnell zur Mitte und zurückführen (insgesamt 8 mal).
Takt 9-16	Wie Takt 1 - 8
Teil B	„Rucki Zucki"
Takt 17-18	Hände schüttelnd nach unten strecken
Takt 19-20	Hände schüttelnd nach oben strecken,
Takt 21-28	2mal wie in Takt 17-20;
Takt 29-32	in die Hände klatschen.

Zu Teil B singen alle:

Beginn von vorne.

Hinweis: Teil A ist der variierbare Teil. Da die Musik 5 Durchgänge spielt, können verschiedene Bewegungen ausgeführt werden. Z.B. rechte und linke Fußspitze zur Mitte und zurück; rechtes und linkes Ohr Richtung Mitte und zurück; rechter und linker Ellbogen zur Mitte und zurück; rechter und linker Daumen auf den Boden und zurück usw.

39 START FREI

8-12
und älter

Bewegungsform: Ilse Tutt

Musik: **FF 3060 oder FF 1306 „Coronado"**

Sitzweise: **In einer kleinen oder großen Gruppe (wie im Flugzeug) hintereinander auf Stühlen (Stuhlkanten), Gesicht nach vorne.**

U V V U
V U V V
V U U U

Bewegungsform

Vorspiel	
Teil A	Start und Fenster
Takt 1 - 4	Start
(Takt 1-2)	2mal mit dem rechten „Triebwerk" starten; rechten Arm seitlich im Bogen aus Hüfthöhe heraus nach oben führen. Alle begleiten die Bewegung und sprechen „Scht – Scht".
(Takt 3-4)	wie Takt 1-2, jedoch mit der linken Hand auf der linken „Maschinen-Seite".
Takt 5-8	Fenster
(Takt 5)	Rechte Hand zum linken erhobenen Ellbogen führen und dort festhalten;
(Takt 6)	linke Hand zum rechten erhobenen Ellbogen führen und dort festhalten;
(Takt 7 - 8)	die so gefaßten Arme vor den Augen im Kreis herumführen und zum schwankenden „Fenster" hinausschauen.
Takt 9-16	Wie Takt 1 - 8
Teil B	Flug
Takt 17-20	Aufsteigen Vorwärts, in Hüfthöhe beginnend, 4mal stufenweise nach oben aufsteigen, dazu die Arme nach vorne durchstrecken und wieder zurücknehmen. Beim 4. Mal die Arme über dem Kopf lassen (= nicht mehr zurücknehmen).
Takt 21-22	Absinken Mit gestreckt bleibenden Armen langsam das Flugzeug in 4 Stufen nach unten sinken lassen.
Takt 23	Looping Vor dem Körper mit großen, kreisenden Bewegungen in ein „Luftloch" kommen („Das Flugzeug überstürzt sich!");
Takt 24	Knall In die Hände klatschen und evtl. sonstiges Begleit-Getöse veranstalten.
Takt 25-32	Wie Takt 17 - 24.
	Beginn von vorne.

Variation: Vorne im „Flugzeug" sitzt der Kapitän (evtl. mit Kopilot) er kann in Takt 23-24 (bzw. Takt 31-32) neue Bewegungen – das bedeutet neue Zwischenfälle, einfügen.

U GONNI MIT URSCHREI 40

10-12
und älter

Spielfassung: Johannes Holzmeister und Ilse Tutt

Musik: **FF 3060 oder FF 1154 „U gonni"**
Sitzweise: **Im (engen) Kreis auf Stühlen (Stuhlkanten), ohne Fassung.**

Bewegungsform:

Vorspiel

Teil A — Patschen rechts und links (beidhändig)

Takt 1 — ♩ ♩ 2 Schläge auf die eigenen Knie,
♩ ♩ 2 (leichte) Schläge auf die Knie des rechten Nachbarn,

Takt 2 — ♩ ♩ 2 Schläge auf die eigenen Knie,
♩ ♩ 2 (leichte) Schläge auf die Knie des linken Nachbarn,

Takt 3 - 8 — 3mal Takt 1-2 wiederholen.

Teil B — „Urschrei"

Takt 9 — 𝅗𝅥 𝅗𝅥 2mal Patschen auf die eigenen Kniee,

Takt 10 — 𝅗𝅥 𝅗𝅥 2mal Patschen mit überkreuzten Händen auf die eigenen Knie.

Takt 11 — 𝅗𝅥 𝅗𝅥 wie Takt 9

Takt 12 — 𝅗𝅥 .·· Arme hoch strecken, dann aus voller Kehle, hoch oder tief, vor allem l a u t schreien („Urschrei").

Beginn von vorne.

Hinweis: Der laute Schrei ist sehr wichtig; hier dürfen die Kinder das tun, was sonst nicht möglich ist.

41 DUMLA DUMLA

10-12
und älter

Kanon aus Holland
überliefert von Horst Weber

Spielform von Cläre Faßbender

Sitzweise: Einstimmig: Mit genügend Ellbogenfreiheit im großen Kreis, ohne Fassung, Blick zur Mitte.

Mehrstimmig: In 2-4 frei gebildeten Gruppen, alle schauen zur gemeinsamen Mitte.

Bewegungsform:

Einstimmig:

Teil A

Takt 1 — Stampfen mit dem rechten Fuß,
Stampfen mit dem linken Fuß,

Takt 2 — mit beiden Händen in Augenhöhe Fingerschnalzen (wer mag auch Zungenschnalzen).

Takt 3 - 4 — Wie Takt 1 - 2
Takt 1 - 4 wiederholen.

Teil B

Takt 5 — Beide Hände rechts seitwärts Richtung Fußboden stoßen,
beide Hände links seitwärts Richtung Fußboden stoßen,

Takt 6 — 2mal auf die eigenen Knie patschen;

Takt 7 - 8 — Wie Takt 5 - 6
Takt 5 - 8 wiederholen.

Beginn: Zweistimmig.
Die einzelnen Gruppen folgen nacheinander mit Singen im Kanon und begleiten sich dazu jeweils mit der oben beschriebenen Bewegung.

Kanon immer aussingen lassen.

Variationen

In der Sitzweise:
Im Kreis sitzend, eingeteilt in zusammenhängende Kanongruppen.

Jeder Nachbar rechts und links gehört abwechselnd einer anderen Kanongruppe an.

In der Ausführung:
Das Ganze nur als Bewegungskanon (ohne Singen), d.h. die Bewegungsfolge wird zum rhythmischen Spiel.

TANZLIEDER

42 LABADA

8-12 **Nach polnischer Überlieferung**

Aufstellung: **Großer Kreis, durchgefaßt Blick zur Mitte**
Schrittart: **Hinterkreuzschritt**

TANZFORM: **Strophe 1**

Takt 1 - 8 Mit Hinterkreuzschritten in TR, rechter Fuß beginnt seitwärts, linker hinterkreuzt; auf „hei!" statt hinterkreuzen 1mal mit dem linken Fuß aufstampfen.

Takt 9-16 wie Takt 1 - 8, jedoch gegengleich und gegen TR.

Dann: Laute Frage des Tanzleiters „Tanzen wir weiter mit gefaßten Händen?"
Alle: „Nein!"
Tanzleiter: „Wollt Ihr Euch einhaken?"
Alle: „Ja!"

Strophe 2

Takt 1 - 16 wie Strophe 1, jedoch neue Fassung.

Anschließend wieder Änderung der Fassung für Strophe 3, später für 4 usw. solange Ideen da sind und es Spaß macht.

Hinweise: Vorschläge für verschiedene Fassungen
Kreuzfassung; Rückenkreuzfassung; Hüftfassung; Ellbogen des (rechten) Partners mit der (rechten) Hand fassen oder umgekehrt; an den Ohrläppchen halten, an einem Knie usw.

Je verrückter (aber nicht zu kompliziert!) die Fassungen sind, desto mehr macht es Spaß! Das Lied muß dabei nicht wie ein „artiger" Chor klingen, je lauter umso besser.

Noch ein Tip: bei älteren Kindern langsam zu singen beginnen und bis zum Schluß gemeinsam das Tempo steigern.

ICH BIN EIN KLEINER ESEL 43

(6)8-10

Text und Melodie mündlich überliefert
Tanzform: Cläre Fasbender

Kanoneinsätze bei Beginn von A, B, C

Schrittart: Gehschritt

GRUNDTANZFORM:

Teil A	Mit „schwerem" Gepäck im Kreis gehen.
Teil B	Mit dem Hinterteil nach links und rechts wackeln (twisten!)
Teil C	Abwechselnd nach links und rechts nicken, dabei „i-a" rufen.

Aufstellung zu Tanzform 1

einstimmige Form: (für wenige und vor allem jüngere Kinder) Einzeln auf der Kreisbahn, Blick in TR, ohne Fassung (siehe Zeichnung).

mehrstimmige Form: (für mehrere Kinder) Einzeln in 3 lockeren Gruppen auf der Kreisbahn (siehe Zeichnung). Jede Gruppe tanzt mit Abstand von den anderen Gruppen. Tanzeinsätze wie beim Kanonsingen, am Schluß immer aussingen lassen.

Aufstellung zu Tanzform 2

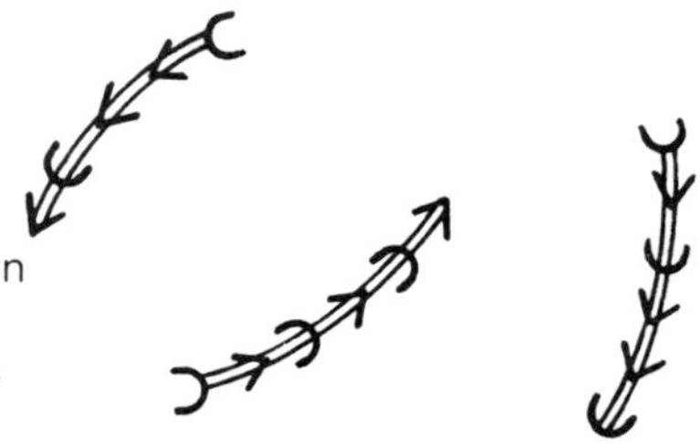

mehrstimmige Form: (für mehrere Kinder)
3 Gruppen, je in einer Reihe, frei im Raum verteilt, Hände auf den Hüften oder Schultern des Vorderen (siehe Zeichnung). Jede Gruppe sucht sich beim Tanzen der Grundform ihren eigenen Weg.

Aufstellung zu Tanzform 3
(für viele Kinder)
3 konzentrierte Kreise, jeweils durchgefaßt (siehe Zeichnung). Jede der 3 Gruppen tanzt zuerst alleine und einstimmig; anschließend nacheinander im Kanon.

Hinweise: Zuerst muß Tanzform 1 beherrscht werden. Danach stehen die anderen Aufstellungen zur Auswahl.

Geeignetste Teilnehmerzahl: 5 - 10 Personen je Gruppe.

Durch die Darstellung der 3 verschiedenen Rhythmen der Melodie ist das mehrstimmige Singen und Tanzen leichter als sonst bei Kanontänzen.

Bei Jüngeren macht auch die einstimmig getanzte und gesungene Form Spaß.
Als Text- und Bewegungsvariationen kann auch gesungen werden:

„Ich bin ein kleiner Dackel . . . wau wau . . ."
„Ich bin eine kleine Katze . . . miau miau . . ."
„Ich bin ein kleiner Hase . . . hopp hopp . . . "

Bei älteren Kindern Textänderung: „Ein kleiner grauer Esel . . . usw.

SPRING – ROIEN

6-10 **Nach deutscher Überlieferung**

Aufstellung: **Im großen Kreis, Blick zur Mitte, durchgefaßt, Arme nach unten.**

Schrittarten **Seitnachstellschritt, Spreizsprung, Schlußsprung.**

TANZFORM

zu Liedteil A: Nachstellschritte gegen TR↻.

zu Liedteil B: 3 mal Spreizsprung (=♫♩, Beine auseinander),
3 mal Schlußsprung (=♫♩, Beine zusammen),
wiederholen bis zum Schluß.

Teil A und B werden immer wiederholt.

Zu dieser Tanzform kann jedes 8-taktige Lied gesungen werden, z.B.
„Alle Vögel sind schon da",
„Der Kuckuck und der Esel",
„Ein Vogel wollte Hochzeit machen".

Hinweis: Neue Schrittfolgen zu bekannten Liedern können leicht selbst gefunden werden.

IM WALDE VON TOULOUSE

6-12 **Nach französischer Überlieferung**
Deutscher Text: Ulrich Kabitz

2. Es waren ihrer fünfzig, verborgen im Gebüsch . . .
3. Sie sprachen zueinander; „Schau nach, ob einer kommt . . ."
4. „Ich sehe einen kommen, der sitzt auf hohem Pferd . . ."

5. ,, Mein Herr, bleibt bitte stehen, wo habt ihr euer Geld ? . . . "
6. ,,Ich hab's in meiner Börse, ich hab's in meinem Rock . . . "
7. ,,So gebt denn eure Börse, sonst legen wir euch um ! . . . "
8. ,,So nehmt denn meine Börse, doch laßt das Leben mir . . . "
9. Im gleichen Augenblicke, da kam die Polizei . . .
(10. Da hoben alle Räuber ganz schnell die Hände hoch . . .)
11. Im Walde von Toulouse gibt' keine Räuber mehr . . .

Musik: **FF 3060 oder FF 1222 „Im Walde von Toulouse" (= sehr gut zum Mitsingen!).**

Sitzweise: **Mit genügend Ellbogenfreiheit im Kreis auf Stühlen (Stuhlkanten), ohne Fassung, alle sollten sich gut sehen können.**

Bewegungsform: Dem Text entsprechend werden bei jeder Strophe Bewegungen dazugemacht; der Vorsänger ist gleichzeitig ,,Spiel"-leiter.

Teil A
Takt 1 - 8 — jeder Strophe
Während der Vorsänger singt, macht er bei jeder Strophe textunterstützende Bewegungen vor, die alle wiederholen (Bewegungsvorschläge siehe unten!).

Teil B — Kehrreim
Takt 9-16 — jeder Strophe
abwechselnd mit der linken Hand auf das linke Knie und mit der rechten Hand auf das rechte Knie patschen.

Bewegungsvorschläge:

Strophe 1	Arme hochhalten, Finger spreizen — das sind die ,,Bäume", die sich im Wind hin und her wiegen.
Strophe 2	Beide Hände zum Verbergen vors Gesicht halten.
Strophe 3	Köpfe zusammenstecken, bestätigendes Kopfnicken.
Strophe 4	Spähende Handbewegung.
Strophe 5	Stop-Bewegung mit der Hand.
Strophe 6	Eigene Hosentaschen durchkramen, oder Geldbeutel ,,suchen".
Strophe 7	Schießbewegung.
Strophe 8	Überreichen der Börse nachahmen.
Strophe 9	Schnellgehen im Sitzen.
(Strophe 10	Hände hoch!)
Strophe 11	Händeklatschen.

SIMI JADECH **46**

10-12 **Nach israelischer Überlieferung**

Aufstellung: **Alle im großen Kreis, Blick zur Mitte, durchgefaßt.**
Schrittarten: **Kreuzschritt (vor- und rückwärts), Hüpfschritt, Stampfschritt.**

TANZFORM:

Teil A — Kreuzschritte

Takt 1 - 8 — 16 Kreuzschritte, abwechselnd vor- und rückwärts gegen TR ↶, (rechter Fuß beginnt vor linkem kreuzend).

Teil B — Hüpfschritte und Stampfen

Takt 9-11 — 6 Hüpfschritte gegen TR ↶ (= rechter Fuß beginnt),

Takt 12 — 3 Stampfschritte (= rechts-links-rechts) am Platz, dabei mit 1/2 Wendung in TR ↷ drehen;

Takt 13-16 — wie Takt 9-12, jedoch; linker Fuß beginnt in TR ↷.
Der Tanz beginnt von vorne.

WEE YA HAY **47**

Indianer – Tanz

8-12 **Nach mündlicher Überlieferung/USA**

Aufstellung: **Mit genügend Abstand voneinander im großen Kreis, Blick in TR ↷!**

Schrittarten: **Gehschritt, (Fersen-) Tupfschritt**

TANZFORM: Grundform:

Takt 1 Am Platz (Hände frei und seitlich in Augenhöhe)
♩ rechten Fuß seitlich nach rechts setzen,
♩ linken ohne Gewicht an rechten setzen, dabei mit dem ganzen Fuß auftupfen;
♩ linken Fuß seitlich nach links setzen,
♩ rechten Fuß ohne Gewicht an linken setzen, dabei mit dem ganzen Fuß auftupfen.

Takt 2 Wie Takt 1.

Bewegungsstrophen in TR ↶:

Strophe 1 Gehbewegung

Takt 1
♩ rechten Fuß schräg seitlich nach rechts vorne setzen,
♩ linken Fuß ohne Gewicht an rechten setzen, dabei mit dem ganzen Fuß auftupfen;
♩ linken Fuß schräg seitlich nach links vorne setzen,
♩ rechten Fuß ohne Gewicht an linken setzen, dabei mit dem ganzen Fuß auftupfen.

Takt 2-6 Wie Takt 1 .

Dazu Handbewegung:

Takt 1
♩ beide Hände aus dem Ellbogen heraus nach oben in Augenhöhe nehmen, die offenen Handflächen zeigen nach vorne;
♩ beide Hände aus dem Ellbogen heraus seitlich nach unten schwingen, die offenen Handflächen zeigen nach hinten.

Takt 2 - 6 Wie Takt 1 .

Strophe 2 Gehbewegung wie in Strophe 1

Dazu Handbewegung:

Takt 1
♩ 𝄽 rechte Hand seitlich in Augenhöhe (offene Handfläche zeigt nach vorn); linke Hand seitlich nach unten nehmen (offene Handfläche zeigt nach hinten);
♩ 𝄽 Wechsel der Hände: rechte Hand nach unten, linke Hand in Augenhöhe nehmen.

Takt 2 - 6 Wie Takt 1.

Strophe 3 Gehbewegung wie in Strophe 1.

Dazu Handbewegung:

Takt 1
♩ 𝄽 rechte Hand in Höhe der Körpermitte vor den Körper nehmen (Handfläche zeigt zum Körper). Gleichzeitig linke Hand in gleiche Höhe hinter den Körper nehmen (Handfläche

zeigt weg vom Körper).
♩ 𝄽 Wechsel der Hände: rechte Hand nach hinten, linke Hand nach vorne nehmen.

Takt 2 - 6 Wie Takt 1.

Die Grundform wird im Wechsel mit den verschiedenen Bewegungsformen getanzt.

Hinweis: Weniger geübte Kinder tanzen nur die Grundform im Wechsel mit Bewegungsstrophe 1.

IF YOU HAPPY 48

10-12 und älter

Nach nordamerikanischer Überlieferung/USA

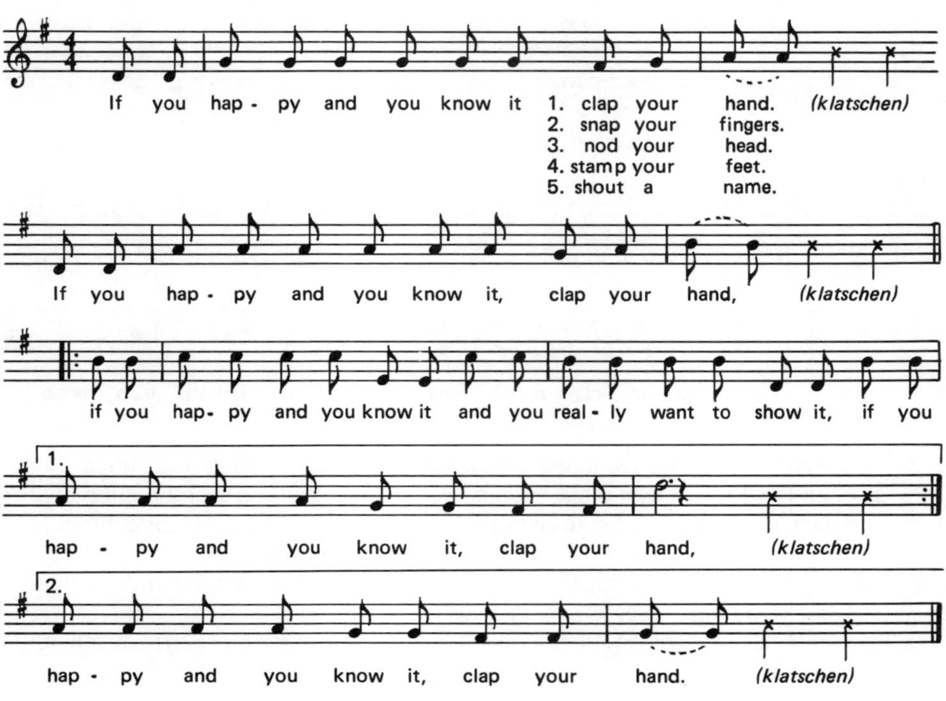

2. . . . snap your fingers (schnalzen)
3. . . . nod your head (nicken)
4. . . . stamp your feet (stampfen)
5. . . . shout a name (Namen rufen)

Sitzweise: **Alle mit genügend Ellbogenfreiheit im Kreis auf Stühlen (Stuhlkanten, ohne Fassung.**

Bewegungsform: Beim Singen des Liedes werden die im Text genannten Bewegungen an den dafür vorgesehenen Stellen gemacht. Jede Strophe hat so eine andere Bewegung.

Hinweis: Neuen Text und passende Bewegungen dazu finden.

49 WENN MEIN ONKEL

8-12
und älter

Nach der Überlieferung/USA
Spielfassung: Georg Holzmeister

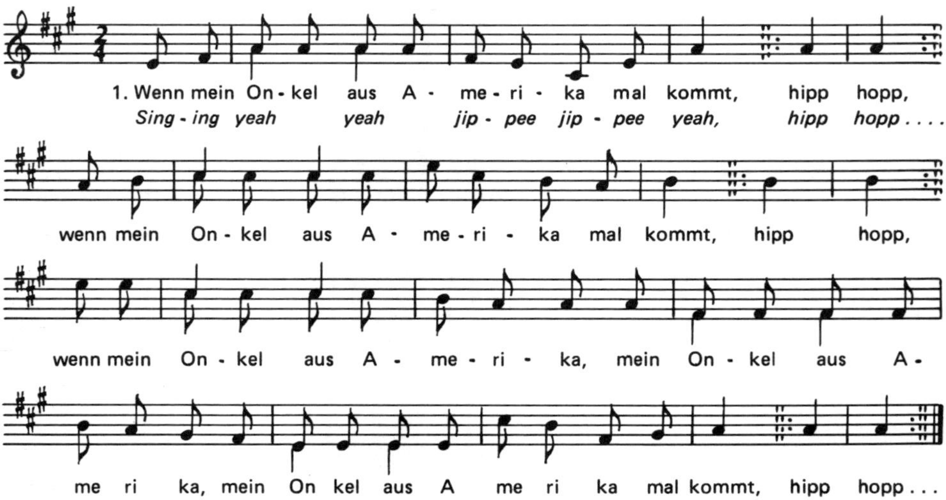

2. . . . putze ich die ganze Wohnung, bis sie glänzt, schrubb-schrubb, hipp-hopp.
3. Ja, dann fliegt er mit dem dicken Jumbo-Jet, hui-hui, schrubb-schrubb, hipp-hopp
4. Und dann braten wir ein Ferkelchen am Spieß, rrr-rrr, hui-hui, schrubb-schrubb, hipp-hopp.
5. Dazu trinken wir 'nen Whiskey on the rocks, gluck-gluck, rrr-rrr, hui-hui, schrubb-schrubb, hipp-hopp.
6. Danach tanzen wir den neu'sten Modehit, chacha-cha, gluck-gluck, rrr-rrr, hui-hui, schrubb-schrubb, hipp-hopp.

Sitzweise: Alle im Kreis auf Stühlen, aber auch in Stuhlreihen oder in freier Aufstellung, ohne Fassung.

Spielform: Die Strophen werden nacheinander gesungen, dabei kommt im Kehrrein immer eine neue Bewegung dazu. Die anderen Strophen werden danach (mit der Bewegung wiederholt.

Bewegungsvorschlag:

Strophe 1 Bei „hipp": linke Faust über die linke Schulter nach hinten wippen lassen; bei „hopp" dasselbe mit der rechten Faust.

Strophe 2 Bei „schrubb-schrubb": 2 mal Putzbewegung, dann 1

Strophe 3 Bei „hui-hui": Flugzeuglandung, dann 2 und 1 .

Strophe 4 Bei „rr-rr": 2 mal Drehbewegung, dann 3, 2 und 1.

Strophe 5 Bei „gluck-gluck": 2 mal Trinkbewegung, dann 4, 3, 2 und 1.

Strophe 6 Bei „cha-cha-cha": dreimal (rechts-links-rechts) mit den Füßen aufstampfen, dann 5, 4, 3, 2 und 1.

ICH KENNE EINEN COWBOY 50

6-8(9) **Nach mündlicher Überlieferung/USA**

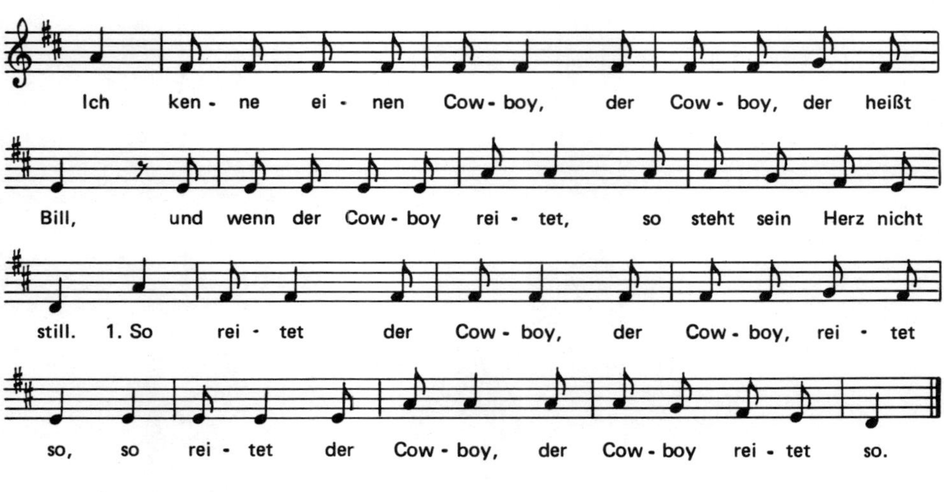

2. Ich kenne einen Cowboy . . . so schwingt er das Lasso, das Lasso schwingt er so.
3. So knallt er die Peitsche, die Peitsche knallt er so.
4. Ja, so schießt der Cowboy, der Cowboy der schießt so.
5. Ja, so tanzt der Cowboy, der Cowboy der tanzt so.

Aufstellung: Alle im großen Kreis, Blick zur Mitte, durchgefaßt.

Schrittart: Gehschritt

TANZFORM:

Teil A	(Refrain)
Takt 1 - 2	Mit 4 Schritten zur Mitte (wenn möglich, Beginn rechter Fuß).
Takt 3 - 4	mit 4 Schritten zurück.
Takt 5 - 8	Wie Takt 1 - 4
Teil B	
Takt 9-16	Die im Text genannte Tätigkeit darstellen.
Hinweis:	Wenn es Spaß macht, weitere Strophen selbst erfinden (sowohl Text als Bewegung).

PAPAPORIFF

8-12 **Nach mündlicher Überlieferung (aus Trinidad)**

Sitzweise: **Alle Kinder sitzen um den leeren Tisch; oder alle sitzen im Kreis auf dem Boden, Blick zur Mitte.**

Außerdem: **Jeder hat einen leeren Joghurtbecher vor sich, Öffnung nach unten.**

Spielform:

Takt 1 - 6 Je Takt wird der Becher vor sich mit der rechten Hand ergriffen und zum Nachbarn nach rechts weitergestellt.

Das letzte Wort und zugleich das 1. „papaporiff" ist für alle das Stichwort zum Bewegungswechsel.

Takt 7
♩ Becher ergreifen,
♩ nach links seitwärts damit auf den Boden klopfen,
𝅗𝅥 nach rechts seitwärts vor den Nachbarn setzen.

Takt 8-10 3mal wie Takt 7

Das Ganze von vorne, solange es Spaß macht.

BIMBAMBOLIEN

(Luftballon – Spiel)

6-12

Text: Nach deutscher Überlieferung
Spielform: AGT

Rhythmus – Vers:

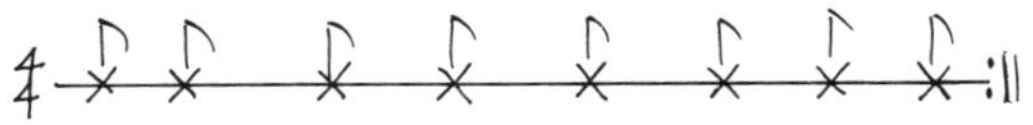

In der bim–bam–bol–schen Kü–che
geht es bim–bam–bo–lisch zu,
tanzt der bim–bam–bol–sche Och–se
mit der bim–bam–bol–schen Kuh.
Und die bim–bam–bol–sche Mutter
kocht den bim–bam–bol–schen Brei,
und die bim–bam–bol–schen Kinder,
es – sen auf ihn mit Ge – schrei !

Aufstellung: **Alle Kinder sitzen im Kreis auf einem Stuhl, ohne Fassung.**

Außerdem: **Jedes hat einen aufgeblasenen Luftballon in der Hand.**

Spielform:

Teil A Erlernen des Rhythmus-Verses.

Teil B Eigentliches Spiel:
Mit lautem Sprechen des Verses stehen alle auf, legen ihren Luftballon auf den Sitz ihres Stuhls und versuchen, sobald wie möglich diesen mit ihrem Po zum Platzen zu bringen. Wem dies gelungen ist, setzt sich wieder.

Teil C Großer Schlußknall:
Wer am Ende des Verses seinen Luftballon noch hat bekommt eine Stecknadel überreicht und auf Kommando des Geburtstagskindes, des Gastgebers o.ä. werden alle restlichen Luftballons zusammen zerknallt.

Hinweise: Als Anreiz zum rhythmischen Vers-Sprechen kann man am Ende von Teil A eine Tonband- oder Cassettenaufnahme machen. Diese eigene Aufnahme ist dann gleichzeitig für das eigentliche Spiel die l a u t e Rhythmusgrundlage.

EINS, ZWEI, DREI – DU BIST FREI

(Abzähl-Spiel)

6-12

Texte: Nach deutscher Überlieferung
Spielform: nach mündlicher Überlieferung (aus Malta)

Sitzweise: **3-5 Kinder sitzen um einen leeren Tisch; oder: 3 - 5 Kinder sitzen je in einer Kreis-Gruppe auf dem Boden, Blick zur Mitte.**

Spielform: **Alle Kinder strecken den Zeigefinger der linken Hand etwas zur Kreismitte. Ein Kind beginnt und zählt mit einem Auszählreim ab. Wer abgezählt ist, darf einen Finger mehr herausstrecken und mit seinem Abzählvers beim Nachbarn weitermachen usw. usw. – bis ein Kind alle Finger der linken Hand ausgestreckt hat.**

Abzählreime:

Ein dicker Elefant,
ging mal an den Strand,
ging dann wieder nach Haus
und du bist draus.

Ene dene dubbe dene,
dubbe dene dalia,
ebbe bebbe bembio
bio bio buff.

Eine kleine Micky-Maus
lief ums Rathaus,
wollte sich was kaufen,
hatte sich verlaufen,
schwilliwapp
und du bist ab.

Ixen, dixen,
Silbernixen,
ixen dixen daus,
du bist draus.

Eins, zwei, drei,
Butter in den Brei,
Salz auf den Speck
und du bist weg.

Vier, drei, zwei, eins,
drei fahr'n nach Mainz,
eins, zwei, drei vier
und du bleibst hier.

Eins, zwei, drei, vier,
saß ein Männlein vor der Tür,
hat ein grünes Käpplein auf,
mit 'ner bunten Feder drauf,
schnurre burre zeck,
du bist weg.

Enichen,
denichen,
Korb voll Stenichen,
kribbelte krabbelte knuff.

Herr Doktor Hinkelkron
sprach zu seinem Sohn:
Du bist voller Dreck
und du bist weg.

Rummelti pummelti
schluckerdibell,
zibberty, pibberti,
piff, paff, puff.

Auf dem vivabunten Berge
wohnen vivabunte Leute,
und die vivabunten Leute
haben vivabunte Kinder,
und die vivabunten Kinder
essen jeden Tag ein Ei.
Eins, zwei, drei
und du bist frei.

Klein Toni Tittelmaus
wohnt in einem kleinen Haus,
wide wide wapp,
du bist ab.

Hacker packer soda kracker,
hacker packer pu,
hacker packer soda kracker,
raus mußt du.

Eins, zwei — Papagei
drei, vier — Knarretür
fünf, sechs — alte Hex
sieben, acht — Kaffee gemacht
neun, zehn — weitergehn
elf, zwölf — junge Wölf
dreizehn, vierzehn — tippe tapp
fünfzehn, sechszehn — du bist ab.

54 REGENBITTE DER INDIANER

(7)8-12
und älter

Nach mündlicher Überlieferung/Kanada

Rhythmus und Tempo werden vom Spielleiter angegeben.

Aufstellung: **Einzeln, stehend oder sitzend, je nach Platz-, Raum- oder Sitzverhältnissen. Voraussetzung: Alle müssen den Spielleiter gut sehen können.**

Spielform:

Elemente:

Rieselregen:
Ein Finger der linken Hand trommelt auf die Handfläche der rechten Hand. Bei Linkshändern umgekehrt!

Landregen:
2 Finger der linken Hand trommeln schnell und abwechselnd auf die Handfläche der rechten Hand.

Platzregen:
Alle Finger der linken Hand trommeln abwechselnd auf die Handfläche der rechten Hand.

Gewitterregen:
Die linke Hand klatscht leicht auf die Handfläche der rechten Hand — langsam oder schnell, je nach Regenguß.

Schwere Tropfen:
Die Faust der linken Hand pocht auf die Handfläche der rechten
Bei Linkshändern umgekehrt!

Hagelschlag:
Beide Hände gegeneinander prallen, die Hände müssen dabei durchgestreckt sein.

Unwetter:
Beide Hände gegeneinander mit gestreckten Händen prallen, dazu am Platz mit den Füßen stampfen.

Ablauf: Der Spielleiter läßt durch seine Führung unterschiedlichstes Regenwetter hörbar werden: er reiht die verschiedenen Elemente aneinander; vom beginnenden Regen bis zum Unwetter und wieder zum Tröpfeln können alle Regenarten geräuschmäßig miterlebt werden. (Bei den Indianern bedeuteten die einzelnen Geräusche teils Bitte an die Gottheiten um Regen, teils Bitte um Verschonung vor Unwettern).

Hinweise: Dieses Rhythmusspiel eignet sich ausgezeichnet zur Abreaktion von Aggressionen.

Bei älteren Kindern läßt sich die Geräuschkulisse differenzierter und genauer gestalten als bei den Jüngeren.

KLAPP – QUARTETT 55

(Rhythmus – Kanon)

8-12
und älter

Nach mündlicher Überlieferung

Klatsch-Rhythmus:

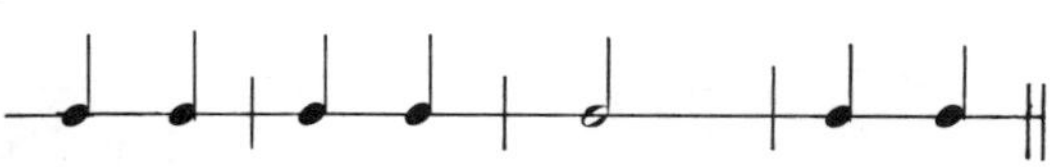

1. Gruppe **2. Gruppe**

Aufstellung: **Zu vieren in kleinen Kreisen, Blick zur Kreismitte, ohne Fassung.**

Bewegungsform: einstimmig
Takt 1 — 2 mal auf seine eigenen Oberschenkel klatschen,
Takt 2 — 2 mal in seine eigenen Hände klatschen,
Takt 3 — 1 mal schräg nach oben zu den Nachbarn rechts und links klatschen,
Takt 4 — Die Nachbarn an den Händen festhalten und mit dem rechten und dann mit dem linken Fuß auf den Boden stampfen.

zweistimmig
Takt 1 - 2 — (Der Kanon-Partner ist der Gegenüberstehende) wie bei der einstimmigen Form
Takt 3 — 1 mal gegenüber mit dem Kanon-Partner klatschen,
Takt 4 — diesen festhalten und mit dem rechten und dann linken Fuß auf den Boden stampfen.

Die 2. Stimme setzt wie beim Kanon-Singen später ein (mit Beginn von Takt 3).

56 GLASPERLEN – SPIEL

6-9 **Nach deutscher Überlieferung**

Rhythmus-Vers.:

Ti – na trägt so ger – ne Ket ten,
teu – er nicht, das will ich wetten.
muß nicht Gold und Sil – ber sein,
Glas ist mo – disch, klimpert fein.

Reißprobe:

1, 2, 3 – die Kette reißt entzwei !

Aufstellung: Alle Mädchen in einer langen Reihe, durchgefaßt.
Schrittart: Gehschritt.

Spielform: Das letzte Kind der Reihe ist der „Verschluß": es legt die freie Hand auf eine Türklinke, eine Wand oder ähnliches. Die „Nadel" am andern Ende der Kette schlüpft durch dieses Tor und zieht alle andern als „Faden" nach sich. Das letzte Kind dreht sich (= 1/2 Wendung), eine „Perle" ist aufgefädelt. Nun schlüpft die „Nadel" nacheinander durch das vorletzte und alle weiteren Tore. Dabei ändert sich nacheinander die Blickrichtung der Kinder, bis zum Schluß alle „Perlen" aufgefädelt sind. Nun werden Anfang und Ende miteinander verbunden.

Zum Schluß die Reiß-Probe; alle ziehen auf den Rhythmus der Vers-Schlußzeile ruckartig nach außen; auf „entzwei" reißt dann die Kette oder nicht . . . .

Variation: Statt Gehschritt – Laufschritt.

BOCKSPRINGER – BOCKREITER 57

6-12 **Spielform: Anneliese Gaß-Tutt**

= freier Rhythmus.

Aufstellung: **3 - 5 Kinder (Buben) hintereinander, ohne Fassung, Blick in dieselbe Richtung: > > > >**

Die Kinder machen zu Beginn jedes Spiels eine Zahl zwischen 6 und 12 aus und springen dann nach folgender Spielregel:

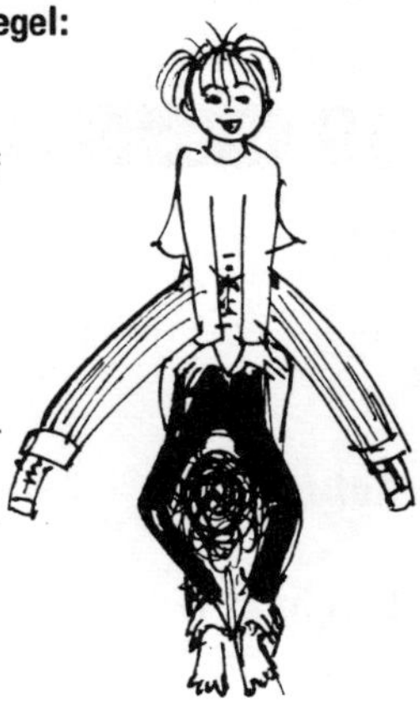

Spielform: Das 2. Kind kauert sich etwa im Abstand von 2, 5-3 m als „Bock 1" auf den Boden (Kopf einziehen!). Das 2. Kind überspringt Bock 1, um sich sofort im notwendigen Abstand als Bock 2 auf den Boden zu kauern. Der nächste Springer folgt und wird Bock 3 usw. bis auch Bock 1 einen um den andern überspringen kann.

Bei jedem Sprung wird zusammen bis zur ausgemachten Zahl gezählt: Das ist einmal,
Das ist zweimal,
Das ist . . . . .

Ist die ausgemachte Zahl erreicht setzt sich der Reiter auf den Bock, und dieser versucht dreimal, ihn herunterzu"bocken".

Das Spiel beginnt von vorne, in neuer Aufstellung und mit neuer Zahl. (1-3 mal wiederholen, je nach Kräften der Kinder).

Hinweise: Die Kinder sollten in der körperlichen Entwicklung ungefähr gleich sein.

Das Zählen bzw. Springen muß so gut wie möglich gleichzeitig stattfinden.

58 HÄNDE – TURM

6-10 **Nach deutscher Überlieferung**

= freier Rhythmus

Sitzweise: **Bis zu höchstens 8 Kindern sitzen um den leeren Tisch; alle müssen die Tischmitte mühelos erreichen können.**

Spielform: Das Geburtstagskind oder der Gastgeber beginnt und legt seine rechte Hand flach auf den Tisch. Einer nach dem andern legt seine rechte Hand darauf. Danach kommt die linke Hand. Nun bilden alle Hände einen (schwankenden) Turm.

Die unterste Hand wird weggezogen und obenaufgelegt. Es folgt die zweite, dritte usw. – immer schneller, bis am Schluß der Hände-Turm einstürzt.

Von vorne, solange es Spaß macht.

59 SEILSPRINGEN

6-10 **Nach deutscher Überlieferung**

= freier, persönlicher Rhythmus der seilschwingenden Kinder.

Aufstellung: **2 Kinder halten zwischen sich ein 3-4 m langes Seil. Die „Springer" stehen außerhalb des abzuschätzenden Schwungkreises.**

Spielform 1 Unter dem Schwungseil hindurch
Nacheinander laufen alle – ohne das Seil zu berühren – unter dem hochgeschwungenen Seil auf die andere Seite hinüber.

Spielform 2 In den Bogen springen.
Wenn das Seil den Boden berührt startet ein Kind und springt in den Bogen. Dort hüpft es mehrmals (= ausmachen, wie oft!) und springt dann wieder heraus. Wer am Seil hängen bleibt hat eben Pech gehabt.

Spielform 3 Teddybär

Vers:

Teddybär, Teddybär, dreh dich um,
Teddybär, Teddybär, mach dich krumm,
Teddybär, Teddybar, zeig dein'n Fuß,
Teddybär, Teddybär, mach'nen Gruß,
Teddybär, Teddybär, jetzt ist's aus:
Teddybär, Teddybär, spring heraus.

Die Kinder rufen den Vers. Ein Kind führt währenddessen die zugerufenen Bewegungen im Seilbogen hüpfend aus.

Variationen: Man kann mit der Freundin zusammen hüpfen.
Bei geübten Kindern beginnt eines und dies ruft während des Springens ein um das andere Kind herein.

KARUSSELL – SEIL 60

6-10(12) **Nach deutscher Überlieferung**

--- = freier, persönlicher Rhythmus des Seilschwingers.

Aufstellung: Ein Kind hält an einem Ende ein 3-4 m langes Seil, dessen anderes Ende ein dicker Knoten ist oder das mit einem Sandsäckchen beschwert wird. Die Seilspringer stehen verteilt um den (abzuschätzenden) Schwungkreis des Seils.

Spielform: Das Kind in der Mitte beginnt, das Seil so herumkreisen zu lassen, daß es nicht den Boden berührt, aber doch so niedrig schwingt, daß die anderen darüber springen lönnen.

Schwingt das Seil gleichmäßig, läuft jedes Kind rasch von außen in das ,,Karussell'' und hüpft jedesmal ausweichend hoch, wenn es an ihm vorbeifliegt.

Wer im Seil hängen bleibt geht hinaus. Der Letzte löst das Kind in der Mitte ab oder hat einen Wunsch frei.

R A D 61

(Hüpfhäuschen)

6-10(12) **Nach deutscher Überlieferung**

------------------------------ = freier, persönlicher Rhythmus

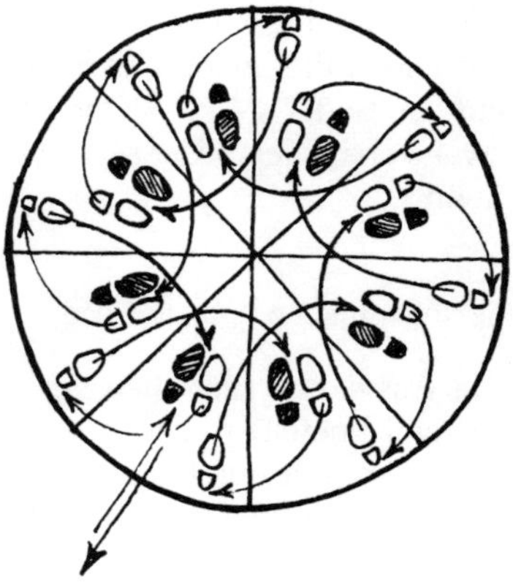

Vorbereitung:

Das ,,Rad'' wird mit Kreide auf den Boden gemalt (oder mit einem Stock in den Boden geritzt).

Springaufgaben:

1. Mit beiden Beinen in das Rad springen, mit dem rechten Bein ins nächste Feld nach links springen und sofort wieder mit beiden Beinen ein Feld nach rechts ü b e r springen. Usw. bis zum Startplatz.
2. Mit beiden Beinen in das Rad springen, mit dem linken Bein ins nächste Feld nach rechts springen und sofort wieder mit beiden Beinen ein Feld nach links ü b e r springen. Usw. bis zum Startplatz.
3. Wie oben, nur mit dem rechten Bein allein (= rechtsherum).
4. Wie oben, nur mit dem linken Bein allein (= linksherum).
5. Wie 1 und 2, jedoch mit gekreuzten Beinen, zuerst rechts- dann linksherum.
6. Mit geschlossenen Augen durch alle Felder gehen, zuerst links- dann rechtsherum. Bei jedem Feld bestätigen die andern Kinder, ob es „richtig" oder „falsch" ist.

Hinweis: Hüpfhäuschen können ohne großen Aufwand jederzeit begonnen und auch wieder abgebrochen werden. Sie sind beliebt und besonders zur kurzen oder längeren Selbstbeschäftigung der Kinder geeignet (vor allem im Freien und in mehreren Gruppen, beste Teilnehmerzahl je Gruppe: 3 - 4 Kinder).

62 WASSER – LAND

(Hüpfhäuschen)

6-10 **Nach deutscher Überlieferung**

--------------------- = freier, persönlicher Rhythmus

Vorbereitung:

Die Kinder malen mit Kreide oder ähnlichem das Land mit seinen Feldern und dem Wasser auf den Boden. Mit 2 Blüten bezeichnen sie zwei Ruhefelder. Jeder sucht sich einen Stein.

Springaufgaben: Grundregel

Das Wasser darf nicht betreten werden. In den Ruhefeldern darf man in allen Runden auf beiden Füßen stehen; beim Blindgehen dürfen hier die Aufen geöffnet werden.

Ein Kind beginnt und wirft seinen Stein in Feld 1. Dieses Feld wird übersprungen und es hüpft auf beiden Beinen bis Feld 10 und hinaus. Dann wird der Stein in Feld 2 geworfen und dieses übersprungen; so geht es bis Feld 10. Wird ein Fehler gemacht, kommt das nächste Kind an die Reihe.

Weitere Regeln zur Auswahl: Stein in Feld 1 werfen und aufheben; dann ins Feld 2 werfen; auf einem Bein bis in Feld 2 hüpfen, Stein aufheben und zurück. So durch alle Felder.

Stein von einem Feld ins andere stoßen, dabei auf einem Bein hüpfen. (Er darf nicht auf der Linie, im Wasser oder draußen liegen).

Stein auf die Fußspitze legen und durch alle Felder gehen, ohne den Stein fallen zu lassen.
Stein auf den Kopf legen und durch alle Felder gehen.

Stein in die Kniekehle klemmen (erst rechtes Bein, dann linkes) und mit dem anderen Bein durch alle Felder hüpfen.

Mit geschlossenen Augen „blind" von einem Feld zum anderen gehen. Bei jedem Feld bestätigen die anderen Kinder „richtig" oder „falsch".

Mit dem Rücken zum Hüpfhäuschen stehen und den Stein nach hinten werfen. Liegt er in einem Feld ist dieses belegt, d.h. es „gehört" diesem Kind. Die anderen müssen es nun überspringen.

Hinweis: siehe Nr. 61 „Rad".

WILDER MANN **63**

(Hüpfhäuschen)

6-10
Nach deutscher Überlieferung bearbeitet von AGT

------------------- = freier, persönlicher Rhythmus

Vorbereitung:

Der „Mann" (siehe Zeichnung) wird mit Kreide auf den Boden gemalt oder mit einem Stock in die Erde geritzt.

Außerdem wird farbige Kreide bereitgelegt; jedes Kind sucht sich ,,seine'' Farbe aus.

Springaufgaben: Grundregel

Es wird von einem Feld zum anderen gehüpft, hin und zurück. Der Kopf ist Ruheplatz. Nach jeder gehüpften Aufgabe oder jedem Fehler wird der Reihe nach gewechselt.

Einzelaufgaben

Hüpfen mit beiden Beinen;

Hüpfen mit dem rechten Bein;

Hüpfen mit dem linken Bein;

Hüpfen mit gekreuzten Beinen.

Bei jeder richtig gehüpften Aufgabe darf das betreffende Kind dem ,,Mann'' mit seiner Kreide ein Barthaar anmalen, bis er wie ein wilder Mann aussieht.

GLÜCKSKINDER – PECHVÖGEL 64

8-12 **Nach deutscher Überlieferung bearbeitet von AGT**

Aufstellung: **Zu zweien im Kreis, Blick in TR↺, offene Fassung**
Schrittarten: **Geh- und Laufschritt**
Begleitmusik: **Flotte Universalmusik im geraden Takt, Vorschlag FF 1305 „Alabama-Jubilee-Mixer"**
Außerdem **1 Spielleiter**

Spielform:

Teil A — Promenade
Alle gehen im Kreis, bis der Spielleiter die Musik unterbricht und laut eine Zahl ruft, z.B. „Fünf!"

Teil B — Kreise
Alle versuchen, Kreise zu je 5 Kindern zu bilden. Die „Glückskinder" der vollzähligen Kreise fassen sofort durch und setzen sich im Kreis in die Hocke. Wer keinen Kreis mehr zusammenbringt ist ein „Pechvogel" und läuft zum Spielleiter als Treffpunkt.

Nachdem der Spielleiter die einzelnen Kreise geprüft hat, beginnt das Ganze von vorne. (Die „Pechvögel" tanzen bei der folgenden Promenade wieder mit).

Hinweise: Vor Beginn Hauptprobe veranstalten, damit jedes Kind die Spielregel wirklich versteht.

Die Kreise müssen schnell gebildet werden.

Spaß macht zwischendurch, wenn der Spielleiter eine Zahl ruft, die alle Kinder zu „Glückskindern" macht. (Zuvor die Kinder abzählen und eine entsprechende Teiler-Zahl rufen!).

KLOPF, KLOPF BESENSTIEL 65

6-12 **Nach deutscher Überlieferung**

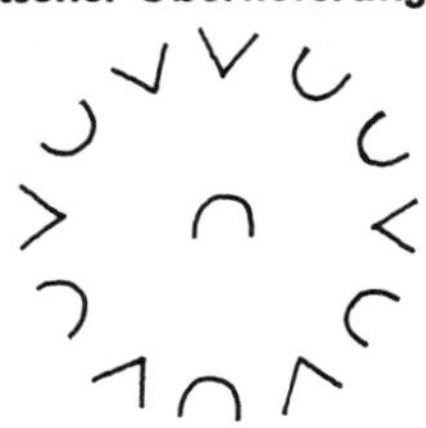

Sitzweise; **Alle sitzen im Kreis auf Stühlen (Stuhlkanten), nicht zu eng und ohne Fassung; ein Anführer in der Mitte mit einem Besenstiel als „Stab"**
Begleitmusik: **Flotte Universalmusik im geraden Takt, Vorschlag FF 1251 „Strip the willow"**
Außerdem: **Ein Besenstiel**

Spielform: Das anführende Kind tritt, mit dem Besenstiel in der Hand, der Reihe nach vor die Kinder und klopft zweimal mit seinem Stab vor einem Kind auf den Boden. Das so aufgeforderte Kind steht auf und folgt dahin, wohin es geführt wird. Während die Musik weiterspielt läßt das Kind, nachdem es alle aufgefordert hat, plötzlich den Besenstiel fallen; jeder versucht, auf einen Stuhl zu sitzen. Wer übrig bleibt wird das nächste Mal Anführer.

Das Ganze von vorne.

Hinweis: Achtung:
Schraubgewinde am Besenstiel-Ende hinterlassen ,,Eindrücke'' im Fußboden. Deshalb evtl. den Stiel umdrehen. Wer mag, kann das obere Ende auch mit einem Tuch, Blättern, Blumen oder anderem Schmuck verzieren.

66 SUPER – BAND

6-12
und älter

Spielform, bearbeitet von AGT

Sitzweise: **Alle sitzen im Halbkreis auf Stühlen oder auf dem Boden oder stehen – je nach Instrument. Die Kinder sind evtl. in Klanggruppen beieinander; dazu ein Dirigent (beim ersten Mal ein Erwachsener).**

Begleitmusik: **Flotte Universalmusik im geraden Takt, Vorschlag FF 3060 oder FF 1215 „Fastnachtsmusik".**

Außerdem: Alle haben ein nur erdenklich mögliches, evtl. selbsterfundenes oder -gebasteltes ,,Klanginstrument''.

Spielform:

Teil A: Orchesterprobe
Kurze Einführung und vor allem Einhören in die ,,Begleit''-Musik.

Teil B: Aufführung
Der Dirigent führt mit seiner Super-Band sein großes und neuestes Werk auf.

Hinweise: Die Musik hilft dem Dirigenten, die Einsätze klar zu geben. Je mehr der Dirigent durch seine überzeugende, darstellerische Leistung das Orchester mitzureißen vermag, umso größer wird das gemeinsame Erfolgs- und Klangerlebnis sein.

Die Instrumente sollten möglichst einfach, robust und einfallsreich sein.

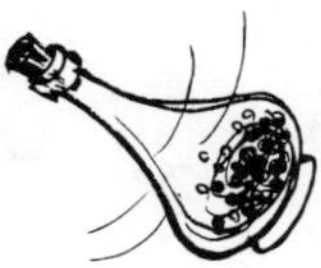
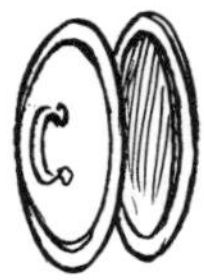

Beispiele: Löffel aus Holz oder Metall zum KLappern, Tischglocke, Schellen, Rasseln (= Plastikflaschen mit Splitsteinchen gefüllt), Glasharfe aus verschieden hoch mit Wasser gefüllten Gläsern (als solistisches Instrument), Waschmitteltonne (n) als Trommel(n) dazu mit Watte umwickelte Rührlöffel als Schläger, Kochtopfdeckel als Klangbecken, Vogelstimmen von einem Volksfest, Fastnachtströten als Bläser – vielleicht sogar Kammbläser oder Mundharmonikaspieler.

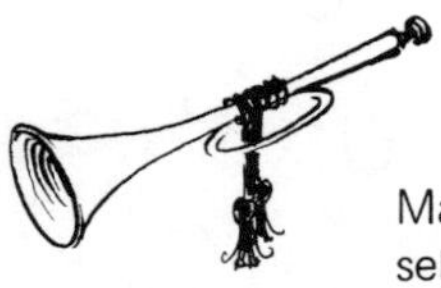

Man kann auch ein allen Kindern bekanntes Lied aussuchen, das sie selbst während des Singens mit der „Super-Band" begleiten.

Meist wollen alle Kinder einmal dirigieren. Dafür wird als Begleitmusik FF 1306 „Tip-Top-Mixer" vorgeschlagen. Bei jedem neuen Dirigenten können die Orchestermitglieder mit anderen Instrumenten tauschen. (Die Instrumente werden dann am Platz niedergelegt, und die Kinder nehmen die neuen Plätze ein; so entsteht weniger Unruhe).

FEST – KONZERT **67**

10-12 und älter | **Spielform: AGT**

Musik: **Freie Wahl nach Alter und Stimmung der Kinder aus der eigenen Plattenkiste.**

Aufstellung: (Sitzweise) **Wie im Konzert: Orchester gegenüber Dirigenten, stehend oder sitzend.**

Spielform: Die aus der Schallplattenaufnahme erkennbaren Instrumente werden mit „Musikern" besetzt, die durch Mithören und auf den Einsatz des Dirigenten hin ihr Instrument perfekt „erklingen" lassen; mal gefühlvoll oder dramatisch oder laut bzw. leise usw., je nach der musikalischen Vorlage. In Wirklichkeit sind alle nur stumme Akteure.

Hinweise: Die Musik wird vor allem nach dem Musikgeschmack der Kinder ausgewählt. Die Jüngeren finden sich bei Volks- und Schlagermusik eher zurecht. Die Älteren bevorzugen Beat- oder auch klassische Musik mit großem Orchester.

Der Dirigent muß ein selbstbewußtes, musikalisches Kind sein, das sich vorbereitet hat und gut schauspielen kann.

68 ARCHE NOAH

(Tiere darstellen)

6-12 **Nach deutscher Überlieferung**

Aufstellung: **Alle frei im Raum verteilt, ohne Fassung, gerade Zahl von Kindern.**

Schrittarten: **Nach freier Wahl der einzelnen.**

Begleitmusik: **Flotte Universalmusik im geraden Takt, Vorschlag FF 1210 „Laufvergnügen"**

Außerdem: Jeder hat einen (vorbereiteten) Zettel in der Hand, auf dem ein für die anderen unlesbarer Tiername steht. Von jedem Tiernamen wurden 2 Zettel ausgegeben.

Spielform: Mit Beginn der Musk tanzen die Kinder frei durch den Raum. Sobald die Musik unterbricht versuchen alle durch Gackern, Brüllen, Quieken, Zwitschern, Muhen, usw. den zu ihnen passenden Partner zu finden.

Nach erneutem Einsetzen der Musik werden die Tiere wieder stumm, bis erneut die Musik stoppt und die Suche von vorne beginnt, usw.

Gelingt es, den Partner zu finden tanzen die zusammengehörenden Kinder zu zweien bis zum Schluß des Partyspieles (= freie Wahl der Schritte, Fassungen usw.), und zwar so, wie es ihnen als d i e s e m Tierpaar gefällt.

Hinweise: Das Spiel setzt Spiel-Lust voraus, deshalb ist zuvor abzuwägen, ob die Kinder sich frei und ungezwungen äußern oder in fremder Umgebung „gehemmt" sind.

Und : Es darf recht laut werden!

NAHVERKEHR 69

6-8 **Spielform: Anneliese Gaß-Tutt**

Aufstellung: **In kleinen Gruppen oder allein, frei im Raum; ein einzelnes Kind, das die Pfeife umgehängt hat.**

Schrittarten: **Geh- oder Laufschritt nach Wahl.**

Begleitmusik: **Flotte Universalmusik im geraden Takt, Vorschlag FF 1210 „Joker"**

Außerdem: **1 (Triller-) Pfeife.**

Spielform:

Teil A — An der Haltestelle
Das einzelne Kind ist der „Fahrer". Er fährt mit seinem „Bus" von einer Station zur anderen. Dabei kann er halten oder vorbeifahren, wenn er aber stoppt, läßt er die Wartenden einsteigen und nimmt sie mit (= alle hängen sich in Schulter- oder Hüftfassung hintereinander am Fahrer an). Beim Abfahren pfeift er laut sein Abfahrtssignal — und weiter geht's zur nächsten Haltestelle.

Teil B — Fahrt ins Blaue
Wenn alle Kinder angehängt sind, hat der Bus freie Fahrt, d.h. der „Fahrer" bestimmt mit der Wahl der Schritte Art umd Tempo der Fahrt.

Hinweis: Sind es mehr als 10 Kinder, zwei oder mehr Busse fahren lassen. Dann können die Kinder bei den Haltestellen ein- oder auch umsteigen.

ACHTUNG! ACHTUNG! 70

6-10 **Nach deutscher Überlieferung**

Aufstellung: **Alle Kinder bilden eine lange, durchgefaßte Reihe. Das erste Kind ist der Anführer, es hat in seiner freien Hand einen Stock.**

Schrittarten: **Lauf- oder Kinderhüpfschritt, frei nach Wahl des anführenden Kindes.**

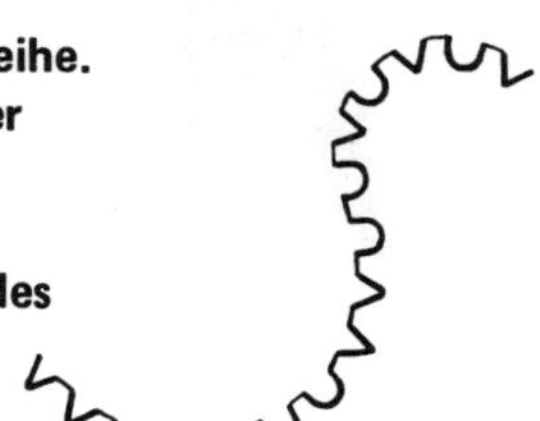

Begleitmusik: **Flotte Universalmusik im geraden Takt, Vorschlag FF 1192 „Yankee doodle"**

Außerdem: **1 Stock, höchstens 50 cm lang.**

Spielform: Das erste Kind führt die anderen Kinder kreuz und quer durch den Raum. Während die Musik weiterspielt, wirft es plötzlich den Stock weg. Alle Kinder laufen auseinander. Das erste Kind versucht, einen anderen zu erhaschen. Dieses Kind tritt beim nächsten Mal an die Stelle des Anführers.

Das Ganze von vorne.

Hinweis: Wenn das anführende Kind den Stock fallen läßt, kann zur Unterstützung die Musik leise gedreht werden.

INHALT

Alphabethisches Verzeichnis

KURZ UND AUFSCHLUSSREICH

für Kinder von 6-8 Jahren	für Kinder von 8 - 10 Jahren	für Kinder von 10 - 12 Jahren	ohne Vorbereitung und Umräumen	für Kinder ohne Tanzkenntnisse	zur Selbstbeschäftigung der Kinder	Titel	bis 6 Kinder	6 bis 12 Kinder	12 bis 25 Kinder	25 bis 40 Kinder	über 40 Kinder	mit Schallplatten	ohne Schallplatten
	x	x				1 Party-Bummel				x	x	x	
x	x	x		x		2 Klapper-Klatsch	x	x	x	x	x	x	
		x				3 Drehscheibe			x	x	x	x	
	x	x				4 Trimm-dich-Mixer		x	x	x	x	x	
x	x	x				5 Siebensprung	x	x	x	x		x	
		x				6 Kleine Fliege			x	x		x	
	x	x				7 Bingo			x	x	x	x	
	x			x		8 Teppichknüpfen	x	x	x	x	x	x	
x	x	x		x		9 Ku-Tschi-Tschi	x	x	x	x	x	x	
	x	x				10 Vier PS und mehr	x	x	x	x		x	
x	x	x				11 La Raspa Mexicana	x	x	x	x	x	x	
x	x	x		x		12 La Bamba		x	x	x	x	x	
	x	x				13 Letka Jenka	x	x	x	x	x	x	
		x				14 Gummiband	x	x	x	x	x	x	
x	x	x		x		15 Flohmarkt		x	x	x	x	x	
x	x			x		16 Vierertest			x	x	x	x	
x	x	x		x		17 Irrgarten				x	x	x	
		x				18 Mogelkette	x	x	x			x	
x				x		19 Schellenkönig(-in)	x	x	x	x		x	
	x					20 Karneval-Spaß	x	x	x	x	x	x	
x	x					21 Schlängeltanz		x	x	x		x	
x	x	x		x		22 Fräulein von Stock	x	x	x			x	
	x	x		x		23 Raumstation		x	x	x		x	
x	x					24 Brummi und Brummel	x	x	x			x	
x	x	x		x		25 Kunterbunt	x	x	x	x		x	
		x				26 Tanzmaschine	x	x	x			x	
	x	x		x		27 Kleiner Roboter	x	x	x			x	
	x	x	x			28 Sieben Stampfer	x	x	x			x	
x	x	x				29 Ungeheuer tanzen	x	x				x	
	x	x	x			30 Fingerballett	x	x				x	
x	x			x		31 Tanzmäuse	x	x	x			x	
x	x	x				32 Tanz mit der Maske	x	x	x	x		x	
x	x			x		33 Tierzirkus	x	x	x			x	
x	x	x				34 Tanzende Puppen	x	x	x			x	
		x		x		35 Mi se mamo radi	x	x	x	x			x
x	x	x		x		36 Top fit	x	x	x	x	x	x	

KURZ UND AUFSCHLUSSREICH

für Kinder von 6-8 Jahren	für Kinder von 8 - 10 Jahren	für Kinder von 10 - 12 Jahren	ohne Vorbereitung und Umräumen	für Kinder ohne Tanzkenntnisse	zur Selbstbeschäftigung der Kinder	Titel	bis 6 Kinder	6 bis 12 Kinder	12 bis 25 Kinder	25 bis 40 Kinder	über 40 Kinder	mit Schallplatten	ohne Schallplatten
	x	x	x			37 Boxer unter sich	x	x	x	x		x	
x	x	x		x		38 Rucki - zucki	x	x	x	x	x	x	
	x	x				39 Start frei	x	x	x	x	x	x	
		x				40 U gonni mit Urschrei	x	x	x	x	x	x	
		x				41 Dumla dumla	x	x	x				x
	x	x		x		42 Labada	x	x	x				x
x	x					43 Ich bin ein kleiner Esel	x	x	x	x	x		x
x	x			x		44 Spring - Roien	x	x	x	x	x		x
x	x	x	x	x		45 Im Walde von Toulouse	x	x	x	x	x		x
		x				46 Simi jadech	x	x	x	x			x
	x	x				47 Wee ya hay	x	x	x	x			x
		x	x	x		48 If you happy	x	x	x	x	x		x
	x	x	x	x		49 Wenn mein Onkel	x	x	x	x	x		x
x			x	x		50 Ich kenne einen Cowboy	x	x	x	x	x		x
	x	x				51 Papaporiff	x	x	x				x
x	x	x		x		52 Bimbambolien	x	x					x
x	x	x			x	53 Eins - zwei - drei	x						x
	x	x	x	x		54 Regenbitte der Indianer	x	x					x
	x	x				55 Klapp - Quartett	x	x					x
x	x			x		56 Glasperlen - Spiel	x	x					x
x	x					57 Bockspringer-Bockreiter	x						x
x	x			x	x	58 Händeturm	x						x
x	x			x	x	59 Seilspringen	x						x
x	x			x	x	60 Karussell - Seil	x						x
x	x			x	x	61 Rad	x						x
x	x			x	x	62 Wasser - Land	x						x
x	x			x	x	63 Wilder Mann	x						x
	x	x		x		64 Glückskinder - Pechvögel		x	x	x	x	x	
x	x	x		x		65 Klopf, klopf Besenstiel	x	x	x			x	
x	x	x		x		66 Super - Band	x	x	x			x	
		x		x		67 Festkonzert	x	x	x			x	
x	x	x		x		68 Arche Noah		x	x	x		x	
x				x		69 Nahverkehr			x	x	x	x	
x	x	x		x		70 Achtung ! Achtung !	x	x	x			x	

SCHALLPLATTENVERZEICHNIS

1. 17-cm-Langspielplatten (EPs) mit ca. sechs Minuten Musik pro Seite = meist vier Titel pro Schallplatte; es werden nur die Titel aufgeführt, zu denen in diesem Buch Tanzbeschreibungen erschienen sind (siehe Nummern In Klammern). Preis je Schallplatte DM 10,-. FF = FidulaFON.

FF 1154 Boogie Time (36,37), Cockey Cockey (38), U gonni (40)
FF 1176 Letkis (13)
FF 1178 Mixbecher (3), Quirl (6)
FF 1192 Princess Margaret's Fancy (23), Yankee Doodle (70)
FF 1194 Happy Hopp (16), Querfeldein (24)
FF 1195 La Raspa Mexicana (11)
FF 1196 Klapper-Klatsch (2), Ku-Tschi-Tschi (9)
FF 1197 Shuffle-Mixer (4)
FF 1210 Wechselspiel (10), Spring-ins-Feld (15,31), Joker (21,69), Laufvergnügen (68)
FF 1212 Elefant, Affen, Pferde, Tanzbär, Tiger (32)
FF 1215 Party-Bummel (1), Sieben Stampfer (5,28), Fastnachts-Musik (20,66)
FF 1222 Im Walde von Toulouse (45)
FF 1251 Angus Reel (17), Strip the willow (65)
FF 1260 Teppichknüpfen (8)
FF 1262 Pau de Fita (30), Guabina (33)
FF 1263 Chula (32)
FF 1280 Comics (14), Beat-Ballade (29)
FF 1304 Mogelkette (18,27)
FF 1305 La Bamba (12), Alabama-Jubilee-Mixer (64)
FF 1306 Bingo (7), Tip-Top-Mixer (19), Coronado (39)

2. Als klingende Ergänzung zum vorliegenden Buch erschien als Zusammenstellung aus verschiedenen Schallplatten die 30-cm-LP FidulaFON 3060 "Leichte Tanzspiele für Kinderparties" (auch als FIDULA-CASSETTE 6). Inhalt: Party-Bummel (1), Spring-ins Feld (15,31), Teppichknüpfen (8), Ku-Tschi-Tschi (9), La Raspa (11), Mogelkette (18,27), Boogie Time (36,37), La Bamba (12), Die Räuber von Toulouse (45), U gonni (40), Coronado (39), Sieben Stampfer (5,28), Comics (14), Fastnachtsmusik (20,66). Preis: DM 23,-

3. Folgende Schallplatten erschienen auch als Cassetten (Preis: DM 23,-):

FF 1154 + FF 1194 + FF 1196 als Fidula-CASSETTE 2 Tanzspiele
FF 1212 + FF 1213 + FF 1214 als Fidula-CASSETTE 3 Tiermusiken
FF 1280 + FF 1304 + FF 1305 als Fidula-CASSETTE 5 Tänze der USA, Modetänze, u.a

Die Schallplatten und Cassetten sind über den Fachhandel (insbesondere über den Musikalien-Handel) oder direkt beim Fidula-Verlag D-5407 Boppard/Rh. erhältlich.
- Empfohlene Preise (Stand März 1981) -

FIDULA
5407 Boppard/Rhein & A-5033 Salzburg